高中新课程教师培训用书　　丛书主编：徐　勇　徐

高中新旧课程标准 教学要求比较

语　文

主　编

张　华

编写人员

张　华　薛　华　李金华　刘卫平　梁天钧

彭桂锋　贺　琳　甘成昀　李学永

华东师范大学出版社

·上海·

图书在版编目(CIP)数据

高中新旧课程标准教学要求比较.语文/张华主编.—
上海:华东师范大学出版社,2019
高中新课程教师培训用书
ISBN 978-7-5675-9791-4

Ⅰ.①高… Ⅱ.①张… Ⅲ.①中学语文课-教学研
究-高中 Ⅳ.①G633

中国版本图书馆 CIP 数据核字(2019)第 263000 号

高中新旧课程标准教学要求比较 语文
GAOZHONG XINJIU KECHENG BIAOZHUN JIAOXUE
YAOQIU BIJIAO YUWEN

本册主编 张 华
策划编辑 李文革
责任编辑 游胜男 平 萍
责任校对 谭若诗
装帧设计 刘怡霖

出版发行 华东师范大学出版社
社　　址 上海市中山北路 3663 号　邮编 200062
网　　址 www.ecnupress.com.cn
电　　话 021-60821666　行政传真 021-62572105
客服电话 021-62865537　门市(邮购)电话 021-62869887
地　　址 上海市中山北路 3663 号华东师范大学校内先锋路口
网　　店 http://hdsdcbs.tmall.com

印 刷 者 上海景条印刷有限公司
开　　本 787 毫米×1092 毫米　1/16
印　　张 8.75
字　　数 155 千字
版　　次 2020 年 2 月第 1 版
印　　次 2024 年 7 月第 7 次
书　　号 ISBN 978-7-5675-9791-4
定　　价 27.00 元

出 版 人 王 焰

(如发现本版图书有印订质量问题,请寄回本社客服中心调换或电话 021-62865537 联系)

前　言

本丛书以教育部印发的普通高中学科课程标准(2017 年版)(以下简称"新课标")和普通高中学科课程标准(实验)(以下简称"旧课标")为依据,结合实施高中新课标教学实验的一线教师实际需求,通过对高中课程内容从新、旧课标教学要求对比、对应题型示例等方面进行剖析,帮助一线教师和教研人员在较短时间内准确理解和掌握新课标要求、适应新课标教材的教学需要,是新课标实施过程中必备的工具书。

一、教学要求对比

教学要求对比,是把新、旧课标的每一个知识点以及相应知识点的教学要求进行对比,清晰展示两者之间思想方法的变化与同异、知识点的增加与减少、要求程度的提高与降低,使教师从对比中领悟新课标的核心思想,熟悉新课标的外延与内涵、变化与发展,准确把握新课标中知识点教学要求的深度和广度。

二、对应题型示例

对应题型示例,是从以下三个方面把新、旧课标教学要求的变化与具体题型相对应,为实施新课程的教学提供明确、具体、清晰的指引。

(一)新课标要求但旧课标不要求的题型。这一部分的题型是新课标新增内容所对应的题型,对于这些新增内容有哪些知识点、每个知识点的具体要求、教学过程中要把握的度,都编排了具体的例题与之对应,把新课标要求通过题型具体化,给出明确的界限,为教师的教学提供参考和依据。

(二)旧课标要求但新课标不要求的题型。这一部分的题型是旧课标要求但新课标已删除内容所对应的题型,对于这些内容有哪些知识点、对应哪些题型,也适当给出了相应例题,明确这些题型必须在新课程的教学过程中不再出现。这样可有效避免教师的思维定式,避免教师在教学过程中仍然使用自己认为是好的但新课标不要求的题型。

(三)新课标和旧课标都要求但要求不同的题型。这一部分的题型是新、旧课标都要求但要求不同的内容所对应的题型,对于这些不同要求的内容有哪些知识点、每个知识点在要求上有哪些变化、在哪些方面存在不同,都明确给出了对应的例题,进而把知识点要求的变化体现在例题的变化上,把抽象的问题具体化,帮助教师了解、理解和掌握这些内容要求的区别和联系、变化与发展。

新课标是旧课标的修订版,所以一些按照旧课标编写的试题,也能很好地体现新课标的要求,新课标下的教学内容也存在与旧课标一致之处,因此书中所选例题的编制时间和新、旧课标的实施时间并非完全对应。鉴于读者可能会在所选例题的编制时间上心生困惑,作此特别说明。

本丛书帮助教师在旧课标的基础上,通过教学要求对比和对应题型示例,掌握新、旧课标教学要求的变化和题型的变化,了解新、旧课标教学要求的相同之处与不同之处,准确理解和把握新课标的教学要求,从而在新课程的教学过程中知道要教什么、不教什么、教到什么层次,知道自己过去的资料哪些是可以继续用的、哪些是修改后可以用的、哪些是不可以用的,进而在实施新课程的教学过程中准确体现新课程的教学要求,达到新课程的教学目标,真正做到让教师一书在手,教学不愁,这是本丛书的基本特色和根本目的。在旧课标的实施过程中,我们已经出版过《高中数学教学大纲和课程标准教学要求的对比》一书,教师使用后反响非常好,认为该书是自己教学的良师益友,是教学的必备工具书,在后续培训过程中也同样使用效果良好。基于此,在新课标实施之际,我们推出这套丛书,期望丛书在新课程的教师培训和教学中发挥高效、实用的独特作用,成为教师教学的良师益友和必备工具书,成为最实用的新课程教师培训用书,为新课程的实施尽我们的绵薄之力。

由于时间仓促,加之我们水平有限,书中的疏漏之处在所难免,期待广大读者批评指正。

编　者

二〇一九年九月

目　录

一、教学要求对比

内容	新课标	旧课标	区别
长篇小说	在指定范围内选择阅读一部长篇小说。通读全书，整体把握其思想内容和艺术特点。从最使自己感动的故事、人物、场景、语言等方面入手，反复阅读品味，深入探究，欣赏语言表达的精彩之处，梳理小说的感人场景乃至整体的艺术架构，理清人物关系，感受、欣赏人物形象，探究人物的精神世界，体会小说的主旨，研究小说的艺术价值。	学会正确、自主地选择阅读材料，读好书，读整本书，课外自读文学名著（五部以上）及其他读物，总量不少于150万字。（可参考附录一《关于诵读篇目和课外读物的建议》）	新课标阅读内容由旧课标要求的"参考课外读物建议自主选择"变成在指定范围内选择；数量由"课外自读五部以上文学名著"，变成"必读一部长篇小说"。新课标有比较具体的阅读长篇小说的方法指导，而旧课标没有。
学术著作	在指定范围内选择阅读一部学术著作。通读全书，勾画圈点，争取读懂；梳理全书大纲小目及其关联，做出全书内容提要；把握书中的重要观点和作品的价值取向。阅读与本书相关的资料，了解本书的学术思想及学术价值。通过反复阅读和思考，探究本书的语言特点和论述逻辑。	无	新课标增加了阅读学术著作的要求。

内容	新课标	旧课标	区别
阅读要求	重视学习前人的阅读经验,根据不同的阅读目的,综合运用精读、略读与浏览的方法阅读整本书。利用书中的目录、序跋、注释等,学习检索作者信息、作品背景、相关评价等资料,深入研读作家作品。用自己的语言撰写全书梗概或提要、读书笔记与作品评介,通过口头、书面形式或其他媒介与他人分享。	乐于与他人交流自己的阅读鉴赏心得,展示自己的读书成果。	新课标阅读要求非常详细,从阅读应借助的资料到阅读中采用的方法,以及阅读后的表达交流都有要求,而旧课标只有对阅读后表达交流方面的要求。
阅读目标	读懂文本,把握文本丰富的内涵和精髓。探索阅读整本书的门径,形成和积累自己阅读整本书的经验。享受读书的愉悦,从作品中汲取营养,丰富自己的精神世界,逐步形成正确的世界观、人生观和价值观。	具有广泛的阅读兴趣,努力扩大阅读视野。丰富自己的精神世界,提高文化品位。	新课标的阅读目标是多维的、由浅入深的:从文本理解到阅读经验形成,最后到抽象的精神目标。旧课标没有文本理解和经验积累方面的内容。

二、对应题型示例

★ 新课标要求但旧课标不要求

■ 新课标要求学生在指定范围内读一部长篇小说,欣赏小说语言,梳理小说的感人场景乃至整体的艺术架构,理清人物关系,感受、欣赏人物形象,探究人物的精神世界,体会小说的主旨,研究小说的艺术价值。

例1 对于钱锺书的长篇小说《围城》,旅美文学评论家夏志清在《中国现代小说史》中作出了很高的评价:"《围城》是中国近代文学中最有趣和最用心经营的小说,可能亦是最伟大的一部。作为讽刺文学,它令人想起像《儒林外史》那一类的著名中国古典小说;但它比它们优胜,因为它有统一的结构和更丰富的喜剧性。"但从1990年代开始,也有人提出《围城》是一部被"拔高"的小说,并不是一部出色的作品。比如心理学家武志红在一篇文章里说道:"钱锺书的《围城》未被我列入第一流的小说,因为小说中一些关键情节的推进缺乏情感的真实。"舒明月在网红书《大师们的写作课》中说:"我觉得他(钱锺书)的写作姿态堪比法海,法海绝无意于聆听白蛇与许仙的苦诉与告饶,他永远也不屑于去懂得情爱,只抱持物种的优越感,必除妖孽而后快;而锺书先生大概是太聪明了,太拎得清了,因此对挣扎于俗世的男女始终有一种智商的优越感:'瞧你们这些笨人,做出种种丑态!哈哈!'"言下之意,钱锺书在写作中,有一种居高临下的优越感,冷心肠写不出热情感。请结合你读《围城》的感受并查阅相关资料,写一篇关于《围城》的书评,谈谈你的看法。

解析 这道题旨在引导学生欣赏小说语言,梳理小说整体的艺术架构,研究小说的艺术价值。题目涉及对长篇小说《围城》的三种评价,有褒有贬,夏志清的褒奖主要着眼于它的讽刺艺术,认为它有趣、有喜剧性;武志红从情感心理的角度看,认为《围城》的情节推进不够合理;舒明月认为,钱锺书在《围城》的写作中居高临下,往往为了讽刺而讽刺,对小说人物没有同情之了解,因而也没有表达出情感的真实。这三种观点虽各有侧重,但都值得探讨,因此有利于激发学生思考和探究的欲望。书评写作中,学生既可以针对题目中的观点发表看法,也可以根据自己的阅读感受,从其他角度切入,阐释自己的看法,只要言之有理,论之有据即可。推荐阅读曹文轩《经典作家十五讲》(中信出版社2014年版)中关于钱锺书《围城》的论述:《面对微妙——读钱锺书的〈围城〉》。

例2 提到《长河》时,沈从文是这样说的:"我还将继续《边城》,在另外一个作品(即《长河》)中,把最近二十年来当地农民性格灵魂被时代大力压扁扭曲失去了原有的素朴所表现的式样,加以剖析与描绘。"又说:"用辰河流域一个小小水码头作背景,就我所熟习的人事作题材,来写写这个地方一些平凡人物生活上的'常'与'变',以及在两相乘除中所有的哀乐。"请细读小说《长河》,选择一个角度,分析沈从文的写作目的是否得到了实现。

解析 这道题旨在引导学生梳理小说的感人场景,感受、欣赏人物形象,探究人物的精神世界,体会小说的主旨,用分析、比较、概括的方法解决问题。小说《长河》是未完成的作品,作者原计划写四卷,由于种种原因只完成了一卷,且被迫删节不少篇幅,但在仅存的篇幅中,已经初步达成了作者的写作目的。学生可以通过把《长河》与《边城》进行比较阅读,探究《长河》延续了《边城》的哪些内容、风格以及写法,又有怎样的不同,为什么会有这样的不同,也可以思考探究大时代中哪些因素从哪些方面改变了当地农民的性格灵魂,这样写的目的、意图是什么,还可以思考探究作者写了平凡人物的哪些"常"与哪些"变"。学生能紧扣文本,自圆其说即可。

■ 新课标要求学生能读懂学术著作,梳理全书纲目,把握书中的重要观点和作品的价值取向。了解学术著作的学术思想及学术价值,探究其语言特点和论述逻辑。

例3 有人说:"理解了民族精神的演变和内涵,才能真正体会到前人艺术中跳动的生命。"请细读李泽厚《美的历程》,从绘画、雕塑、建筑、文学、书法等角度中选择一个角度,谈谈你对这两句话的认识。

解析 本题旨在于引导学生把握学术著作的重要观点,了解学术著作的学术思想,从而读懂学术著作,并用自己的语言撰写相关内容概要。学生可从阅读感受出发,基于自己的审美体验,深入思考艺术审美与民族精神的关系,有一两点自己的认识和体会即可。艺术和美是精神与心灵的外化、表现和寄托。"美的历程"也是中华民族精神的历程,民族的艺术史也就是民族心灵的历史,随着民族精神的演进而不断变化发展。因此,在本书中,谈艺术的发展之前,作者必先谈社会、思想的变化和演进,以揭示艺术和美发展的内在因素和相互作用。这一点是阅读中应该注意的。

■ 新课标要求学生在读懂学术著作的同时,能借助各种资料深入研读作家作品,用自己的语言撰写全书梗概或提要、读书笔记与作品评介,通过口头、书面形式或其他媒介与他人分享。

例4 读黄仁宇《万历十五年》,并举办一场读书报告会。

读书活动具体操作思路:全书共七章,安排学生先用四周时间阅读该书,每周读两章,课内读一章,课外读一章,每读完一章写一则三四百字的内容概要。完成全书七章的七则内容概要后,学生在第四周对前期的阅读进行一个总结,列出"我最大的疑惑"。教师对学生的疑惑进行分类筛选,对于比较容易解决的疑惑,用一到两个课时,组织全班讨论,引导学生自主解决。挑选具有共性的四五个比较重要、迫切要解答的问题,作为读书报告会的题目,由学生自己按兴趣挑选,挑选相同题目的学生组成一组。学生再读文本,探究解决问题,写出自己的初步看法,小组讨论,并合力撰写读书报告。教师批阅读书报告,给出修改意见,各小组制作演示文稿,并派代表在《万历十五年》读书报告会上展示。报告会结束后,教师总结上一阶段的读书活动,结合学生在读书报告中存在的问题以及演讲中需要改进的地方，指导学生怎样写好读书报告和怎样做演讲。

  解析 这是一个操作性很强的学术著作整本书阅读活动设计，它比较好地从学生和教师两方面落实了新课标对学术著作整本书阅读的要求。阅读安排合理，撰写内容概要的任务设计，无论是篇幅要求还是频度安排都非常合理；解惑环节的活动安排中，教师没有大包大揽，而是着眼于调动学生的积极性，照顾到学生的个性，同时又体现了教师在引导阅读、指导阅读、促进阅读、提升能力方面的作用。

学习任务群 2　　当代文化参与

一、教学要求对比

内容	新课标	旧课标	区别
特定文化现象	聚焦特定文化现象,自主梳理材料,确定调查问题,编制调查提纲,访问调查对象,记录调查内容,完成调查报告,就如何传播社会主义核心价值观、弘扬中华文化精神、反映中国人审美追求等专题展开交流研讨。	关心并学习调查自己身边的文化现象,探求其历史根源和演变轨迹,讨论传统文化对现代社会以及社会发展的影响。	旧课标强调探求文化现象的历史渊源以及传统文化对现实的影响,而新课标则更加强调对现实的指导作用。
当代文化生活	关注当代文化生活,开展社区文化调查,搜集整理材料,对社区的文化生活方式、风俗习惯、思想观念、生活演变等进行分析讨论。 通过各种传媒,关注当代文化生活热点,聚焦并提炼问题,展开专题研讨,解释文化现象,积极参与社会主义先进文化建设,提高对各种文化现象的认识能力和阐释自己见解的能力。	培养社会参与意识,关注当代文化生活,在城市或农村展开社区文化的调查,搜集整理材料,对社区中市民或村民的生活方式、风俗习惯、思想观念、生活演变等进行分析讨论。采用多种形式,开展文化交流和社区文化建设活动,积极传播先进文化,提高参与文化建设的自觉性和语文综合应用能力。	新课标在旧课标的基础上增加了"通过各种传媒,关注当代文化生活热点"的要求。旧课标较笼统地提出提高"语文综合应用能力",而新课标则具体指出"提高对各种文化现象的认识能力和阐释自己见解的能力",强调阐释能力的培养。
语文学习方式	建设各类语文学习共同体,在阅读、表达中探析有关文化现象,拓展视野,培养多方面语文能力。	指导学生通过阅读论著、调查和梳理材料,增强文化意识,学习探究文化问题的方法,提高认识和	旧课标强调指导学生阅读论著,新课标则提供了更加丰富而具体的语文学习方式。

内容	新课标	旧课标	区别
	通过社会调查、观看演出、参与文化公益活动等,丰富语文学习的方式,积极参与当代文化生活。	分析文化现象的能力。 注意调查访问与书面学习相结合,现状调查与比较研究相结合,分析研究与参与传播建设相结合。	

二、对应题型示例

★　**新课标要求但旧课标不要求**

■　新课标明确指出以参与性、体验性、探究性的语文学习活动为主,而旧课标没有提及。

　　例1　设计一次有关"乡愁文化"的专题研讨活动。
　　解析　"乡愁"情结是中国文化的重要组成部分。设计一次有关"乡愁文化"的专题研讨活动十分有意义。比如,教师可以引导学生这样开展专题研讨活动:第一步,读一读有关"乡愁"的文章;第二步,和大家分享自己的读书体会;第三步,设计一份有关"乡愁"问题的调查问卷,并根据问卷结果形成调查报告;第四步,结合调查报告,讨论如何留住"乡愁"。这样的研讨活动充分体现了新课标的要求——语文学习应具有参与性、体验性和探究性。

■　新课标特别要求"建设各类语文学习共同体",而旧课标没有提及。

　　例2　引导学生自主创建各类社团,开展各类语文学习活动。
　　解析　创建社团、开展语文学习活动,符合新课标的要求。比如,可以引导学生创建读书交流社、文学社、习作分享社、辩论演说社、诗歌朗诵社、戏剧表演社等各类社团。

☆ 旧课标要求但新课标不要求

■ 旧课标明确要求选读古今中外文化论著,并进行专题探究,而新课标只提到要"阅读",并没有明确的要求。

例 3　通过对《〈论语〉〈孟子〉选读》的学习,了解儒家学说,关注现实生活中儒家思想的影响及其现实意义。

解析　《论语》和《孟子》是儒家学派的经典著作,在思想上、文学上对后世均有重大影响。《〈论语〉〈孟子〉选读》是苏教版高中语文选修教材之一,选取了《论语》《孟子》中的主要章节,按照孔子和孟子思想的主要内容重新编纂,展现了这两部经典的思想精华与文化内涵。教师可以引导学生借助工具书、图书馆和互联网查找有关资料,了解论著作者情况、相关的文化背景和论著中涉及的主要问题,排除阅读中遇到的障碍。然后在整体了解著作内容的基础上,选读其中的重要章节,有侧重地进行探究学习,把握论著的主要观点和基本倾向,了解用以支撑观点的关键材料。

★ 新课标和旧课标都要求但要求不同

■ 在"关注当代文化生活"这一教学内容方面,新课标在旧课标的基础上增加了通过各种传媒,关注"当代文化生活热点"的要求。

例 4　以《中国诗词大会》和《朗读者》为例,探讨当下"文化热"现象。

解析　《中国诗词大会》和《朗读者》是两档备受网友追捧的文化类节目,教师可以以这两档节目为切入口,引导学生关注当下的"文化热点"。比如教师可以引导学生这样展开探讨:第一步,观看《中国诗词大会》或《朗读者》,选择自己印象最深刻的一点写观后感;第二步,利用互联网收集资料,分组讨论《中国诗词大会》或《朗读者》取得成功的原因;第三步,设想自己是一名策划者,和组员探讨如何策划一档文化类节目。

■ 在能力培养方面,新课标在旧课标的基础上突出强调了"阐释能力",即阐释自己见解的能力。

例 5　如何看待武侠文学的现实意义?

解析　武侠文学是中国旧通俗文学的一种重要类型。2018 年金庸先生逝世,社会上掀起了一股"金庸热"现象。教师可以引导学生关注这个热点,由此来探讨武侠文学的现实意义。教师可以引导学生进行一场演讲比赛,或者以书面的形式撰写评论,亦或者以读书分享会的形式分享各自的观点,等等。由此,可以培养学生阐释自己见解的能力,这符合新课标在能力培养方面的要求。

一、教学要求对比

内容	新课标	旧课标	区别
信息处理与表达	掌握利用不同媒介获取信息、处理信息、应用信息的能力。学习运用多种媒介展开有效的表达和交流。	养成阅读新闻的习惯,关心国内外大事及社会生活,能迅速、准确地捕捉基本信息。阅读新闻、通讯(包括特写、报告文学等)作品,了解其社会功用、体裁特点和构成要素,把握语言特色。	范围不同:新课标中提到的"媒介"不仅包含传统的新闻媒体,还包括互联网、QQ、微信等信息化媒介,时代性更强。能力要求不同:旧课标侧重于新闻媒介信息的提取和文体的把握,新课标讲究在多媒介语境中提取信息并综合运用。
价值导向与判断	辨识媒体立场,多角度分析问题,形成独立判断。关注当代网络文学和网络文化,坚持正确的价值导向,辩证分析网络对语言、文学的影响,提高语言、文学的鉴赏能力。	关心国内外大事及社会生活,就所涉及的事件和观点作出自己的评判。	思想高度不同:新课标明确要求坚持正确的价值导向,强调思想品质和价值观的养成与塑造。旧课标只要求对事件和观点作出评判。关注对象不同:新课标重点提到对网络媒介的关注,旧课标则聚焦范围更宽泛。
途径方法与资源	知道信息来源的多样性、真实性。建设跨媒介学习共同体,丰富语文学习的手段。	拓展运用语言文字交流的途径,学会用现代信息技术辅助交流,如使用计算机进行编辑、版面设计,制作个人网页和演示文稿。	对待信息来源的态度不同:新课标要求斟酌思辨,旧课标重在探索拓展。对技术手段的定位不同:新课标对媒介技术的操作不作明确要求,旧课标则提倡技术手段的运用。

二、对应题型示例

★ 新课标要求但旧课标不要求

■ 新课标要求掌握利用不同媒介获取信息、处理信息、应用信息的能力。

例1 阅读下面的材料，完成相关任务。

材料一：

2018 年是中国改革开放 40 周年。

1978 年 5 月，一篇名为《实践是检验真理的唯一标准》的特约评论员文章，在《光明日报》一版刊发。它掀起了席卷中国的真理标准大讨论，成为那支撬动改革开放的哲学杠杆。短短六千字，激荡四十年。（摘自《坚定改革开放再出发的信念——纪念〈实践是检验真理的唯一标准〉刊发四十周年》，《光明日报》2018 年 5 月 11 日）

2018 年 11 月 13 日，"伟大的变革——庆祝改革开放 40 周年大型展览"在国家博物馆开幕。12 月 14 日，庆祝改革开放 40 周年文艺晚会《我们的四十年》在北京人民大会堂举行。

2018 年 12 月 18 日 10 时，庆祝改革开放 40 周年大会在人民大会堂举行，习近平发表重要讲话，从理论创新、经济建设、政治建设、文化建设、社会建设、生态文明建设、国防和军队建设、祖国统一、外交工作、党的建设等方面总结了改革开放的伟大成就。他强调，40 年来取得的成就不是天上掉下来的，更不是别人恩赐施舍的，而是全党全国各族人民用勤劳、智慧、勇气干出来的。我们用几十年时间走完了发达国家几百年走过的工业化历程。在中国人民手中，不可能成为了可能。我们为创造了人间奇迹的中国人民感到无比自豪、无比骄傲。（根据新华网 2018 年 12 月 18 日"庆祝改革开放 40 周年大会"相关新闻报道整理）

材料二：

我国城乡居民收入情况表

年　　份	1978	2001	2005	2009
农村居民家庭人均纯收入(元)	134	2 366	3 255	5 153
城镇居民家庭人均纯收入(元)	343	6 860	10 493	17 175

注：摘自国家统计局关于改革开放 30 年时我国经济社会发展的数据报告。

2013—2017年全国居民人均可支配收入及其增长进度

注：摘自国家统计局2018年2月28日发布的《中华人民共和国2017年国民经济和社会发展统计公报》。

材料三：

12月10日至11日，"2018从都国际论坛"在广州召开，200余位外国前政要和国际组织负责人、中外专家学者、商界领袖热议中国改革开放成就。新西兰前总理希普利说，中国改革开放在社会经济、政治文化、教育各方面取得了令人瞩目的成就。"中国改革开放成绩对我们讨论未来40年的发展有着重要的借鉴和参考作用。"（摘自《中国成就　惠及世界——世界多国前政要点赞中国改革开放成就》，新华社2018年12月12日）

世界银行"中国蒙古国韩国局"局长郝福满曾说，正是"中国改革所采取的渐进式、实验式的模式，与东欧和苏联的改革形成鲜明对比"。他认为，"摸着石头过河"即以实验的方式先在少数地区试点，实践成功后再进行推广，成为中国的独特经济改革模式。

面对中国不同于西方国家现代化发展路径的全新选择，许多发展中国家也看到了新的希望，因而开始关注中国道路的特色和优势，希望吸取中国改革开放的成功经验，走出适合各自国家国情的发展之路。

中国改革开放和中国特色社会主义实践的成功经验，为不少国家解决现代化的困惑提供了启迪：只有结合本国国情，坚持以人为本，尊重人类文明的多样性，真正致力于世界和平发展和共同繁荣，才能走出一条适合本国国情的发展之路。

（摘自《改革开放是深刻改变中国并影响世界的壮举》，中国青年网2018年12月18日）

材料四：

联合国前秘书长潘基文说，中国的改革开放使数以亿计的人口摆脱了贫困，在这一进程中获益的不仅有中国人民，也有其他国家的人民。中国帮助联合国实现了千年发展计划的减贫目标。中国对维护多边主义作出巨大贡献。

"我们生活在一个地球村,要避免国家主义、民族主义。"(摘自《中国成就　惠及世界——世界多国前政要点赞中国改革开放成就》,新华社 2018 年 12 月 12 日)

联合国现任秘书长古特雷斯认为,从气候变化、经贸投资,到维护世界和平与发展,中国都扮演着极为重要的角色,中国所提出的"构建人类命运共同体",也是符合 2030 可持续发展的重要理念。"我们希望变得繁荣,那么我们就需要一个共同的愿景,需要一个共同的发展,需要构建共同的繁荣。当今的中国担任着非常重要的角色,来保证国际多边主义机构在基于国际秩序的情况下,继续发挥显著作用。"(摘自《改革开放是深刻改变中国并影响世界的壮举》,中国青年网 2018 年 12 月 18 日)

(1) 下列对材料相关内容的理解和分析,不正确的一项是(　　)

A. 通过改革开放,中国各方面取得了伟大成就,创造了用几十年时间走完发达国家几百年工业化历程的奇迹。

B. 材料二中的表 1 显示,改革开放以来,我国城乡居民生活水平明显提高。但乡村收入明显落后于城市,城乡发展依然不平衡。

C. 中国的改革开放为世界瞩目,其渐进式、实验式的独特经济改革模式已为许多发展中国家所借鉴。

D. 中国提出的"构建人类命运共同体"的理念,符合世界上渴望发展与繁荣的各国人民的共同愿景。

(2) 下列对材料相关内容的概括和分析,正确的一项是(　　)

A. 材料二中的表 2 显示 2013 年以来全国居民人均可支配收入逐年稳步增长,其增长金额与幅度都超过了表 1 所示的改革开放后的前 30 年。

B. 世界各国前政要和国际组织负责人、中外专家学者、商界领袖热议中国改革开放成就,其中不乏认同肯定与高度评价。

C. 中国从本国国情出发,坚持以人为本,在尊重人类文明的多样性的基础上,选择了不同于西方国家现代化发展路径的全新发展之路。

D. 联合国前秘书长潘基文指出,中国避免了国家主义与民族主义,为维护多边主义作出了巨大贡献。

(3) 中国改革开放 40 年取得了伟大成就,请结合材料概括改革开放的积极作用。

解析　以上材料来源多样,既有网络报道,又有统计图表,还有新闻节选,通过让学生阅读不同媒体的相关报道,梳理非连续性文本信息,从而检测学生利用不同媒介获取信息、处理信息、应用信息的能力。

答案　(1)C。"为许多发展中国家所借鉴"表述有误,原文是"许多发展中国家……希望吸取"。　(2)B。A 项中"幅度都超过了"不对;C 项中"尊重人类文明的多样性"不是中国选择发展道路的基础,而是其他国家从中国发展中进一步得到的启示。D项中"避免了"表述不当,应该是"要避免"。 （3）①中国社会在各方面取得巨大发展与进步,使数亿人口脱贫,极大改善了人民的生活。②中国改革开放的成功为其他国家发展提供了借鉴和参考,特别让发展中国家看到希望,获得启示和经验。③改革开放使中国有能力在多方面扮演重要角色,发挥积极作用,促进世界的发展和繁荣,维护多边主义秩序。

■ 新课标要求辨识媒体立场,多角度分析问题,坚持正确的价值导向。

例2　阅读以下材料,完成相关任务。

材料一:

《2016中国网红经济白皮书》一项调查统计显示,"网红"人数目前已超过100万,八成以上是女性,清一色的锥子脸、高鼻梁、尖下巴。另有调查称,一些"网红"年入百万不是问题,超过54％的受调查的95后称,渴望当主播、当"网红"。可见,在年轻一代中,想要成为"网红"已成为群体现象。

材料二:

近日,中国青年报社会调查中心通过问卷网对2 002人进行的一项调查发现,79.9％的受访者认为,"网红"就是为了出名各种搏上位的年轻人;在43.8％的受访者印象里,"网红"是通过整容、撒谎包装自己的骗子;40.5％的受访者觉得"网红"是搞粉丝营销、卖低劣品的淘宝卖家。仅16.9％的受访者仍存有"网红"是意见领袖等佼佼者的印象。

（1）根据以上材料梳理出今天年轻人渴望成为"网红"的原因。

（2）你如何看待今天的"网红"现象?

解析　本题要求学生在具体的语言情境中完成相关任务,通过信息梳理,多角度分析问题,在坚持正确价值导向的基础上作出独立判断。

答案　（1）原因:展示自己的美,成为关注焦点,获得认可;在相对轻松的环境下获得高收入;更快成名获利,缩短奋斗时间。（2）"网红"现象反映了今天年轻人的一种诉求,他们渴望更好地展现自己,获得认可与关注。但是不少人成为"网红"的动机和方式存在问题,应该要加强对互联网自媒体的管理,让年轻人散发更多的正能量,同时也能合理成就自己。

■ 新课标要求建设跨媒介学习共同体,丰富语文学习的手段。

例3　南京是六朝古都,现在班级要开展一次主题为"走进南京"的文化实践活动,需要你和另外四位同学组成一个学习小组,完成以下任务:

（1）建立一个微信学习群,并取一个符合本次活动主题的名字。

（2）写出你们要采风的南京风物，不少于四个。

（3）从上述风物中任选四个，把它们合理串联，写一段介绍南京的推荐语（不少于 80 字）。

解析　跨媒介活动着眼于语文能力的提升，通过具体活动创设情境，激发学生学习语文的兴趣，积累语文知识。

答案　（1）寻梦金陵　（2）总统府、中山陵、雨花台、秦淮河、夫子庙……（3）千年古都，历史文化名城南京欢迎您！秦淮河的清波倒映着历史的空濛画卷，雨花台的热血鼓舞壮志豪情的心；斜阳中静静矗立的总统府和掩映在葱茏树木中的中山陵浓缩了一个时代的记忆。南京，值得你寻梦！

☆　旧课标要求但新课标不要求

■　旧课标要求学会用现代信息技术辅助交流，如使用计算机进行编辑、版面设计，制作个人网页和演示文稿，但新课标未作明确要求。

　　例 4　复兴中学最近开展了一次以"寻找春天"为主题的网页设计大赛，在所有征集到的图片中，12 号作品人气最高。图片如下：

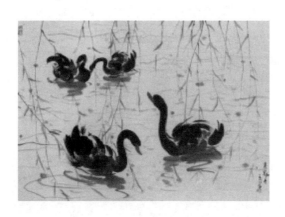

（1）该作品被命名为"早春"，请谈谈这样命名的合理之处。

（2）该图片在网页上需要配一首小诗来表现主题，你能为它创作一首诗吗？

（3）为了让网页内容更丰富，需要给网页配上背景音乐，针对这幅图，你打算推荐哪个音乐作品作为背景音乐？请说明理由。

　　解析　通过让学生为网页配图、配文，以及添加背景音乐等活动，让学生学会用现代信息技术辅助交流，在实践中锻炼语言能力，提升综合素养。

　　答案　（1）画面中柳条刚刚吐绿，正是早春的信号；水面上几只天鹅在戏水，它们悠闲自若的神态反映了气候的变暖，与"春江水暖鸭先知"的意境相符。（2）一池水融融，几丝柳依依。天鹅知春暖，悠然自在啼。（现代诗亦可）（3）略。

★ 新课标和旧课标都要求但要求不同

■ 新课标要求辩证分析网络对语言、文学的影响,提高语言、文学的鉴赏能力。旧课标则只要求就所涉及的事件和观点作出自己的评判。

例5 阅读下面的材料,完成相关任务。

社会文化生活的变化,势必会反映在语言的词汇之中。比如,伴随着新事物、新情况以及网络的发展涌现出一些热词、流行语,如"创客""刷脸""蓝瘦香菇""SB"……

(1)对于上述语言现象你怎么看?

(2)网络语言对汉语的发展带来了巨大的影响,你觉得这种影响是利大于弊,还是弊大于利?请以正方或反方的角色写一篇不少于100字的辩论稿。

解析 新课标要求坚持正确的价值导向,对网络语言的新发展持辩证态度,要求学生对新词、流行语谨慎吸收,在语言规范层面和继承传统文化精髓上下功夫。

答案 (1)上述热词、流行语的出现反映了社会的发展,时代的变化。这些词语在一定程度上具有生动形象、方便简洁,富有时代特征的优点,但也对汉语语法规范和词义的变迁造成了极大的影响。因此,我们应该采取辩证的态度,谨慎、规范使用热词、流行语。(2)略。

一、教学要求对比

内容	新课标	旧课标	区别
积累与建构	在语文活动中,积累有关汉字、汉语的现象和理性认识,了解汉字在汉语发展和应用中的重要作用,巩固和加深义务教育阶段所学的汉字知识;体会汉字、汉语与中华传统文化的关系及汉语的民族特性,增强热爱祖国语言文字的感情。 通过在语境中解读词汇、解读语义的过程,树立语言和言语的相关性和差别性的观念。	注意在生活和跨学科的学习中学语文、用语文,在学习和运用的过程中提高语言文字应用能力。	范围不同:新课标要求在全部的语文活动中进行积累,积累范围远大于旧课标。 目的不同:新课标强调了价值引导,以语言文字学习落实立德树人的目标,旧课标注重语言文字能力的提升。 方式不同:新课标强调在语境中去体会与把握词汇、语义,旧课标则注重以实际运用来提升语言能力。
梳理与整合	通过文言文阅读,梳理文言词语在不同上下文中的词义和用法,把握古今汉语词义的异同,既能沟通古今词义的发展关系,又要避免用现代意义理解古义,做到对中华优秀传统文化作品的准确理解。	能综合运用在语文与其他学科中获得的知识、能力和方法,读懂与自己学识程度相当的著作,运用多种方式展开交流和讨论。	新课标突出了对传统文化的重视,重点强调对文言文词义的梳理与整合,倡导文化自信。旧课标的要求则比较宽泛,读懂与自己学识程度相当的著作即可。
探究与创造	在自主修改病句和分析句子结构的过程中,体会汉语句子的结构特点和虚词作用,进一步领悟语法规律。	了解语言文字法规的有关内容,增强规范意识,学会辨析和纠正错误,提高语言文字应用的正确性和有效性。	着力点不同:在语病修改与句子鉴赏方面,新课标明确要求体会汉语句子的结构特点和虚词的作用,观察词语的活用、句子语序的

内容	新课标	旧课标	区别
	在学习文学作品时，观察词语的活用、句子语序的变化等，体会文学语言的灵活性和创造性。	观察语言文字应用中的新现象，思考语言文字发展中的新问题，努力在语言文字应用过程中有所创新。	变化等现象，旧课标则未作细致的要求。达成度不同：旧课标鼓励在语言文字应用过程中有所创新，新课标则未作明确要求。
表达与交流	在运用口语和书面语表达的过程中，对比两种语体用词和造句的差别，体会口语与书面语的风格差异。反思和总结自己写作时遣词造句的经验，建构初步的逻辑和修辞知识，提高语用能力，增强表达的个性化。	能根据需要，按照相关格式和要求，写作应用文，力求准确、简明、得体。在学写应用文的过程中，培养对事负责、与人合作的精神和严谨细致的作风。在实践活动中增强口头应用的能力，能根据交际的需要，选择恰当的时机和场合，提出话题，敏捷应对，注意表达效果。参加演讲与辩论，学习主持集会、演出等活动。	能力层级不同：新课标要求知晓口语和书面语的差别，并提出建构初步的逻辑知识，旧课标未对此作出要求。表达形式不同：新课标强调的是学生自己写作时表达的个性化，旧课标则注重应用文中语言的呈现，以及在实践活动中语言表达的效果。

二、对应题型示例

★ 新课标要求但旧课标不要求

■ 新课标要求了解汉字在汉语发展和应用中的重要作用。

例1 "武"字与战争密切相关。它的古文字由一个"止"字和"戈"字构成。许慎在《说文解字》中把"武"解释为"止戈为武"，这一解释反映了古人向往和平幸福生活的情感。"伐"字也与战争有关，请你完成以下任务：

（1）推断"伐"字与战争有关的字义，并写出推断依据。

（2）分析"伐"字的造字中可能蕴含的古人的情感。

（3）"武"和"伐"属于哪种造字法？你能再写出四个这种类型的字吗？

解析　分析字形，揣摩字义，了解汉字造字法，通过具体情境设置多个任务，让学生在探究中了解汉语发展，学会应用。

答案　（1）"伐"字由"人"和"戈"二字组成，戈是一种青铜兵器，人拿起兵器，有征讨、征伐的意思。（2）"伐"字表示拿起武器主动进攻，含有古人对无道之行的痛恨，对无道之人的厌恶。（3）会意字，如"歪""林""尖""众"。

■ 新课标要求体会汉字、汉语与中华传统文化的关系及汉语的民族特性，增强热爱祖国语言文字的感情。

例2　请阅读以下对联，完成相关任务。

上联：海水朝朝朝朝朝朝朝落

下联：浮云长长长长长长长消

（1）从上述对联中你能读出几种意思？请根据意思至少标记出两种不同的停顿方法。

（2）这副对联与哪些语言文字现象相关？

解析　通过传统文化的典型载体，在具体情境中设置典型任务，让学生走进传统文化，热爱传统文化。

答案　（1）海水朝朝潮，朝潮朝朝落；浮云常常涨，常涨常常消。

海水潮，朝朝潮，朝潮朝落；浮云涨，常常涨，常涨常消。

海水潮，朝朝潮，朝朝潮落；浮云涨，常常涨，常涨涨消。

海水朝潮，朝朝潮，朝朝落；浮云常涨，常常涨，常常消。

（2）含有多音字、通假字、词类活用、一词多义这几种语言文字现象。

■ 新课标要求通过在语境中解读词汇、解读语义的过程，树立语言和言语的相关性和差别性的观念。

例3　"雪藏"是近年来产生的新词。请根据它在下列各句中的意思，分别用一个词或短语置换（每处不超过4个字）。

某歌星多年前因直言而"得罪"公司经纪人，从此被公司雪藏①，不知双方何时才能握手言和。

为确保最后一场小组赛能尽遣精锐上场，该队正在考虑明日与法国队交手时雪藏②部分主力。

这个原先颇有一定知名度的乡镇企业，在雪藏③了五六年之后，一举跻身

"中国百强企业"之列。

（1）"雪藏"的意思是：①_____ ②_____ ③_____

（2）请自主造一个句子，使"雪藏"在该句子语境中拥有不同于以上义项的新意义：

_____

解析 通过发现词语在不同语境中词义的变化，感受语言的魅力和多样化表达，并对词语进行创新运用，激发学习语文的兴趣。

答案 （1）① 搁置不用 ② 有意隐藏 ③ 隐没无闻

（2）造句：毕业二十年，老同学相聚在一起，老张非常高兴，把家中雪藏三十年的好酒拿出来分享。

■ 新课标要求梳理文言词语在不同上下文中的词义和用法，把握古今汉语词义的异同，做到对中华优秀传统文化作品的准确理解。

例4 阅读下列材料，完成相关任务。

① 则请立太子为王，以绝秦望——《廉颇蔺相如列传》

② 率妻子邑人来此绝境——《桃花源记》

③ 非能水也，而绝江河——《劝学》

④ 噌吰如钟鼓不绝——《石钟山记》

⑤ 以为妙绝——《口技》

⑥ 佛印绝类弥勒——《核舟记》

⑦ 而心目耳力俱穷，绝无踪响——《促织》

（1）请解释上述材料中加点字"绝"的含义。

（2）"绝"字这些义项之间有关系吗？如果有，请说明其相关之处。

（3）"断绝""缠绕""缔结"这些动词，"纲纪""经纬""纤维"这些名词都有"纟"部，说明它们较早的意义都与古人的哪一个生活领域有关？你能从这些词语里想象这个领域的生活情境吗？写一篇短文把你的想象描写出来。

解析 通过文言词语多义化的梳理归纳，了解汉语的规律。在自主探究中激发学习动能，增强对古代汉语的理解能力，促进表达交流能力的发展。

答案 （1）① 断绝 ② 隔绝 ③ 横渡 ④ 停止 ⑤ 到了极点 ⑥ 非常 ⑦ 完全，绝对

（2）有关系，其他义项都是由"绝"字的本义"断绝"根据具体语境引申而来。

（3）劳动生活中的纺织领域。情境想象略。

■ 新课标要求体会汉语句子的结构特点和虚词的作用,进一步领悟语法规律。

例5 依次填入下面一段文字横线处的词语,衔接最恰当的一项是( )

中华民族有着很强的"寻根意识"。中国人①走到哪里,②不忘记寻找自己的"根"。特别是汉族,宗族观念根深蒂固,同姓同宗是一种很强的联系纽带。由于个人③家族的迁移,姓氏人口的分布从发源地逐渐扩散到祖国各地④全世界,⑤人们始终不忘寻找宗脉源流,追求血脉亲情的归属感。故乡不仅是祖先诞生的地方,更是其姓氏起源的地方。⑥,寻根问祖的过程也是寻找家族文化的过程。

	①	②	③	④	⑤	⑥
A.	/	都	和	或	可	所以
B.	无论	都	或	甚至	但	因此
C.	无论	也	或	以至	/	因此
D.	/	也	和	或	但	所以

解析 通过具体语境中的选词填空,揣摩虚词在语言表达中的作用。

答案 B

■ 新课标要求在学习文学作品时,观察词语的活用、句子语序的变化等,体会文学语言的灵活性和创造性。

例6 唐代诗人李涉有一首诗,名字叫《题鹤林寺僧舍》,请阅读此诗并完成相关任务。

终日昏昏醉梦间,忽闻春尽强登山。
因过竹院逢僧话,偷得浮生半日闲。

(1)请概括出诗人情志变化的过程,并做简要分析。

元代的一位读书人,把李涉诗的开头和结尾句子调换了一下顺序,用来记录自己的一次登山之旅:

偷得浮生半日闲,忽闻春尽强登山。
因过竹院逢僧话,终日昏昏醉梦间。

(2)从诗中看,他经历了什么?想表达什么意思?请做分析。

解析 本题引导学生通过阅读文学作品,揣摩语序变化在语言表达中的作用。

答案 (1)诗人由无聊苦闷变为舒畅欣喜。一开始诗人情绪低落,想要通过登山来转移注意力,在遇到一个僧人后,与之交谈,很有收获,感叹半日的出游非常有价值。(2)诗人忙里偷闲,怀着兴致去登山。结果遇到了一个寺庙中的僧人,这个僧人败坏了诗人的兴致,让他非常沮丧苦闷。诗中表达了诗人对僧人的厌恶。

■ 新课标要求建构初步的逻辑知识,提高语用能力。

例7 下面文段有三处推断存在问题,请参照①的方式,说明另外两处问题。

高考之后,我们将面临大学专业的选择问题。如果有机会,我要选择工科方面的专业,因为只有学了工科才能激发强烈的好奇心,培养探索未知事物的兴趣,而有了浓厚的兴趣,必将取得好成绩,毕业后也就一定能很好地适应社会需要。

① 不是只有学了工科才能激发好奇心。

② _____。

③ _____。

解析 这是 2017 年高考全国 I 卷的试题,本题通过具体语境中的语句修改,引导学生养成良好的语言逻辑习惯,增强语言表达的准确性。

答案 ②不是有兴趣就一定能取得好成绩。③不是成绩好就一定能很好地适应社会需要。

☆ 旧课标要求但新课标不要求

■ 旧课标要求按照相关格式和要求,写作应用文,力求准确、简明、得体,而新课标对写作应用文没有明确要求。

例8 电台计划在播送旅游天气预报时,在各条信息之间加上一些衔接的话,以增加知识性、趣味性和人文性。请你在下面的天气信息之间,为电台设计两段这样的话。

三亚(海南)	晴	24～32℃
漠河(黑龙江)	小雪	－22～4℃
大理(云南)	多云转小雨	12～24℃

解析 针对生活实际,创设情境,引导学生关注生活,注重语言的实际运用,做到准确、得体。

答案 ①今天去三亚旅游,如果能带上一些防晒物品,会使您更加惬意。比起在三亚来,黑龙江的漠河却是另一派风光。飞舞的雪花会让南方的朋友欣喜不已。但请您一定多穿些衣服,以防感冒。具体天气是漠河(黑龙江)小雪－22～4℃。②北方的漠河用洁白的雪花迎接来访的客人,西南的大理则以温柔的小雨期待您的光临,加上舒适的温度,今天登临苍山,泛舟洱海,相信朋友们会流连忘返。提醒您带上雨伞。大理具体天气情况是大理(云南)多云转小雨 12~24℃。

■ 旧课标要求观察语言文字应用中的新现象,思考语言文字发展中的新问题,努力在语言文字应用过程中有所创新,而新课标没有明确要求。

例9 随着社会的发展和变动,新词语也频频产生。新词语产生的途径多种多样,其一是利用已有的词语形式,赋予该词新的意义,如"下海",原指到海中去游泳或打鱼,现在很多场合则指放弃原来的工作,投身商界做买卖。请举出两个新词语,并就其新词义作简要解说。

①_____

②_____

解析 旧课标对语言的新发展持鼓励态度,体现时代性,但网络文化优劣并存,青少年若缺乏辩证思考,容易受到不良影响,新课标在此方面则更为理性。

答案 ①"粉丝"是一种用绿豆粉等做成的丝状食品,故名粉丝;现在流行文化中的"粉丝"则是追星族的时尚代名词。②"下课"一词,原来是指上课时间已经结束,现在很多场合则是指体育教练被解职。

✦ 新课标和旧课标都要求但要求不同

■ 新课标和旧课标都要求了解语言文字法规的有关内容,增强规范意识,学会辨析和纠正错误,提高语言文字应用的正确性和有效性,但新课标突出具体情境中词句的辨析与运用,能力要求更高。

例10 阅读下面的文字,完成习题。

"大洋一号"是中国第一艘现代化的综合性远洋科学考察船。自 1995 年以来,这艘船经历了大洋矿产资源研究开发专项的多个远洋调查航次和大陆架勘查多个航次的任务。今年,它又完成了历时 45 天、航程 6208 海里的综合海试任务。对不熟悉的人而言,( )。在这里,重力和 ADCP 实验室、磁力实验室、地震实验室、综合电子实验室、地质实验室、生物基因实验室、深拖和超短基线实验室等各种实验室_____,分布在第三、四层船舱。由于船上配备了很多先进设备,人不用下水就能进行海底勘探。比如,深海可视采样系统可以将海底微地形地貌图像传到科学考察船上,犹如有了千里眼,海底世界可以_____

____,并可根据需要_____地抓取矿物样品和采集海底水样;深海浅层岩芯取样钻机可以在深海底比较坚硬的岩石上钻取岩芯。

"大洋一号"的远航活动,与郑和下西洋相呼应。600 年前,伟大的航海家郑和七下西洋,在世界航海史上留下了光辉的一页。600 年后,"大洋一号"不断进步,_____,在《联合国海洋法公约》的法律框架下,探索海洋奥秘,开发海洋资源,以实际行动为人类和平利用海洋作出中国人民的贡献。

(1)文中画横线的句子有语病,下列修改最恰当的一项是(   )

A.这艘船经历了大洋矿产资源研究开发专项的多个远洋调查航次和大陆架勘查多个航次的调查。

B.这艘船执行了大洋矿产资源研究开发专项的多个远洋调查航次和多个大陆架勘查航次的任务。

C.这艘船经历了大洋矿产资源研究开发专项的多个远洋调查航次,完成了多个航次大陆架勘查任务。

D.这艘船执行了大洋矿产资源研究开发专项的多个远洋调查航次,完成了多个大陆架勘查航次的任务。

(2)下列在文中括号内补写的语句,最恰当的一项是(   )

A."大洋一号"的实验室很多,就像迷宫一样

B."大洋一号"有十几个像迷宫一样的实验室

C.走进"大洋一号",犹如进入了一座迷宫

D.进入迷宫一样的"大洋一号",会分辨不出方向

(3)依次填入文中横线上的成语,全都恰当的一项是(   )

A.一应俱全 一览无余 易如反掌 东山再起

B.应有尽有 一览无余 轻而易举 再接再厉

C.一应俱全 一目了然 轻而易举 东山再起

D.应有尽有 一目了然 易如反掌 再接再厉

解析 这道题是 2018 年高考全国Ⅰ卷的试题。此题把成语、病句和句子的衔接整合到一个完整的语段中来考查,既有语境的完整性、真实性,也加大了复杂性,更有实际意义。

答案 (1)B (2)C (3)B

■ 新课标和旧课标对口语能力都有要求,旧课标侧重于生活实践中的口语表达,通过演讲、辩论等活动来提升语言能力。新课标则要求对比两种语体用词和造句的差别,体会口语与书面语的风格差异,对语言能力的重视程度更高。

例 11 下面是某校一则启事初稿的片段,其中有五处不合书面语体的要求,请找出并作修改。

我校学生宿舍下水道时常堵住。后勤处认真调查了原因,发现管子陈旧,需要换掉。学校打算 7 月 15 号开始施工,施工期间正遇上暑假,为了安全起见,请全体学生暑假期间不要在校住宿,望大家配合。

①＿＿＿＿＿＿ ②＿＿＿＿＿＿

③＿＿＿＿＿＿ ④＿＿＿＿＿＿

⑤＿＿＿＿＿＿

解析 这道题是 2018 年高考全国 I 卷的试题。此题通过应用文修改,引导学生体会口语和书面语在生活中不同场景的应用区别,增强语言表达的得体性。

答案 ①"堵住"改为"堵塞";②"管子"改为"管道";③"换掉"改为"更换";④"打算"改为"计划"或"拟定于";⑤"正遇上"改为"恰逢"或"正值"。

学习任务群5　文学阅读与写作

一、教学要求对比

内容	新课标	旧课标	区别
鉴赏要求	精读古今中外优秀的文学作品,感受作品中的艺术形象,理解欣赏作品的语言表达,把握作品的内涵,理解作者的创作意图。 根据诗歌、散文、小说、剧本不同的艺术表现方式,从语言、构思、形象、意蕴、情感等多个角度欣赏作品,获得审美体验,认识作品的美学价值,发现作者独特的艺术创造。 鉴赏文学作品。感受和体验文学作品的语言、形象和情感之美,能欣赏、鉴别和评价不同时代、不同风格的作品,具有正确的价值观、高尚的审美情趣和审美品位。	在阅读鉴赏中,了解诗歌、散文、小说、戏剧等文学体裁的基本特征及主要表现手法。了解作品所涉及的有关背景材料。 发展独立阅读的能力。从整体上把握文本内容,理清思路,概括要点,理解文本所表达的思想、观点和感情。对文本能作出自己的分析判断,努力从不同的角度和层面进行阐发、评价和质疑。	侧重点不同:新课标要求具体精准,侧重于根据诗歌、散文、小说、剧本不同的艺术表现方式,从语言、构思、形象、意蕴、情感等多个角度欣赏作品。旧课标的要求侧重于了解诗歌、散文、小说、戏剧等文学体裁的基本特征和主要表现手法,了解有关背景材料。 鉴赏目标不同:新课标强调能欣赏、鉴别和评价不同时代、不同风格的作品,具有正确的价值观、高尚的审美情趣和审美品位。旧课标要求对文本从多角度多层面进行阐发、评价和质疑。
阅读引导	教师应向学生提供有效的学习支持。如引导学生制订阅读计划,并要求阅读一定数量的经典文学作品;鼓励和引导学生自主组织、举办诗歌朗诵会、读书报告会、话剧表演等活动,丰富学生的审美体验;	应引导学生设身处地去感受体验,重视对作品中形象和情感的整体感知与把握,注意作品内涵的多义性和模糊性,鼓励学生积极地、富有创意地建构文本意义。应引导学生在阅读文学	教师作用不同:新课标强调"教师应向学生提供有效的学习支持",并给出具体的教学建议。旧课标更强调作品内涵的多义性、学生阅读的自主性与独立性,要求学生知人论世。

内容	新课标	旧课标	区别
	创造更多展示交流学生作品的机会或平台,激发学生文学创作的成就感。	作品时努力做到知人论世,了解与作品相关的作家经历、时代背景、创作动机以及作品的社会影响等。	
层次要求	发展独立阅读的能力。灵活运用精读、略读、浏览等阅读方法,从整体上把握文本内容,理清思路,概括要点,理解文本所表达的思想、观点和感情。努力从不同的角度和层面进行阐发、评价和质疑,对文本作出自己的分析判断。 阅读中国古代作品,读懂文章内容,背诵一定数量的名篇。 借助工具书、图书馆和网络查找有关资料,加深对作品的理解。选择性必修阶段各类文本的阅读总量不低于 150 万字。	诗歌与散文评价以学生的审美能力、艺术趣味和欣赏个性作为评价的重点,如能否展开想象和联想,能否对作品的形象和意境产生感情的共鸣,能否发现作品的丰富内蕴和深层意义,是否对作品有独到的感受和创造性理解,是否具有批判质疑的能力等。可通过写读书报告、读书札记、评论鉴赏文章、举行朗诵表演等具体成果考察学生的诗歌散文鉴赏水平。 小说与戏剧评价的基本要求和"诗歌与散文"大致相同。评价中还应关注学生对作品的人物、情节和场景等的感受。	新课标的阅读要求更具体,具有基础性、层次性、渐进性。旧课标对学生鉴赏水平要求较为宽泛,且层次较高,比如:想象联想,产生共鸣,发掘深意,创造性、批判性理解等。

二、对应题型示例

★　新课标要求但旧课标不要求

■　新课标提出,能比较两个以上的文学作品在主题、表现形式、作品风格上的异同,能对同一个文学作品的不同阐释提出自己的看法或质疑而旧课标没有明确要求。

例1 阅读下面这首唐诗,完成习题。

发临洮将赴北庭留别①

岑参

闻说轮台路②,连年见雪飞。

春风不曾到,汉使亦应稀。

白草通疏勒,青山过武威。

勤王敢道远,私向梦中归。

[注]①临洮:在今甘肃临潭西。北庭:唐六都护府之一,治所为庭州(今新疆吉木萨尔北)。②轮台:庭州属县,在今新疆乌鲁木齐。

与《白雪歌送武判官归京》相比,本诗描写塞外景物的角度有何不同? 请简要分析。

解析 这道题是2015年高考全国Ⅰ卷试题。题目要求将诗歌《发临洮将赴北庭留别》与初中必背篇目《白雪歌送武判官归京》从写景角度进行差异分析,属于新课标要求的作品间对比阅读鉴赏。

答案 《白雪歌送武判官归京》是直接描写,如"忽如一夜春风来,千树万树梨花开"直接描写了"胡天八月即飞雪"的壮美;《发临洮将赴北庭留别》则是间接描写,如"春风不曾到,汉使亦应稀。白草通疏勒,青山过武威"描写了连年见雪飞的恶劣环境。

☆ 旧课标要求但新课标不要求

■ 旧课标要求展开想象和联想,对作品的形象和意境产生感情的共鸣,发现作品的丰富内蕴和深层意义,对作品有独到的感受和创造性理解,具有批判质疑的能力。新课标也提及多角度多层次评价判断、个性化阅读、探究性学习,但要求不如旧课标高。

例2 根据关汉卿的《窦娥冤》改编的戏曲作品有不少,其中有的剧作在情节上和原剧相比有较大改变。下面是程砚秋改编的京剧《六月雪》的主要剧情(有两种结尾),试和原作进行比较,说说你认为哪一种更好,并谈谈理由。

秀才蔡昌宗进京赶考,佣户张氏之子驴儿随往。驴儿垂涎昌宗之妻窦娥,途中将昌宗推入河中,回家假说昌宗失足落水而死。蔡母悲痛成病,想吃羊肚汤,驴儿又在汤内暗放毒药,不想被驴儿的母亲吃下,当即身亡。驴儿于是诬告说蔡母杀害了他母亲,县官动用严刑逼供。窦娥不忍婆婆受苦,挺身含冤代罪,被判斩刑。行刑正值六月,忽然天降大雪,县官惊恐异常。窦娥的父亲窦天章时任八府巡按,前来楚州巡察,解救了窦娥,同时,蔡昌宗也并没有死,窦娥一家团圆。(另一种结尾是:窦天章来楚州一带巡察时,听到乡民替窦娥喊冤,于是将张驴儿抓获。但当他赶去搭救窦娥时,窦娥已屈死于刑刀之下。)

例3 阅读下面的文字,完成习题。

战争

[美]迈尔尼

1941年9月,我在伦敦被炸伤,住进了医院。我的军旅生涯就此黯然结束。我对自己很失望,对这场战争也很失望。

一天深夜,我想给一位朋友打电话,接线生把我的电话接到了一位妇女的电话线上,她当时也正准备跟别人通话。

"我是格罗斯文诺8829,"我听见她对接线生说,"我要的是汉姆普斯特的号码,你接错了,那个倒霉蛋并不想跟我通话。"

"哦,我想是。"我忙插嘴。

她的声音很柔和,也很清晰,我立刻喜欢上了它。我们相互致歉后,挂上了话筒。可是两分钟后,我又拨通了她的号码,也许是命中注定我们要通话,我们在电话中交谈了20多分钟。

"你干吗三更半夜找人说话呢?"她问。

我跟她说了原因,然后反问:"那么你呢?"

她说她老母亲睡不好觉,她常常深夜打电话与她聊聊天,之后我们又谈了谈彼此正在读的几本书,还有这场战争。

最后我说:"我有好多年没这样畅快地跟人说话了。"

"是吗? 好了,就到这里吧,晚安。祝你做个好梦。"她说。

第二天整整一天,我老在想昨晚的对话情形,想她的机智、大方、热情和幽默感。当然还有那悦耳的口音,那么富有魅力,像乐曲一样老在我的脑海里回旋。到了晚上,我简直什么也看不进。午夜时,格罗斯文诺8823老在我脑海里闪现。我实在难以忍受,颤抖着拨了那个号码。电话线彼端的铃声刚响,就马上被人接起来。

"哈罗?"

"是我。"我说,"真对不起,打扰你了,我们继续谈昨晚的话题,行吗?"

没说行还是不行,她立即谈起了巴尔扎克的小说《贝姨》。不到两分钟,我们就相互开起玩笑,好像是多年的至交。这次我们谈了45分钟。午夜时光和相互的不认识,打破了两人初交时的拘谨。我提议彼此介绍一下各自的身份,可是她婉言谢绝了。她说这会把事情全弄糟,不过她留下了我的电话号码。我一再许诺为她保密，直到战争结束。于是她说了一些她的情况，17岁时她嫁给一个自己不喜欢的男人，以后一直分居。她今年36岁，唯一的儿子在前不久的一次空袭中被炸死了，年仅18岁。他是她的一切。她常常跟他说话，好像他还活着。她形容他像朝霞一样美，就跟她自己一样，于是她给我留下了一幅美丽的肖像。我说她一定很美，她笑了，问道："你怎么知道的？"

我们越来越相互依赖，什么都谈。我们在大部分话题上看法相似，包括对战争的看法。我们开始读同样的书，以增加谈话的情趣。每天夜晚，不管多晚，我们都要通一次话。如果哪天我因事出城，没能通话，她就会埋怨说她那天晚上寂寞得辗转难眠。

随着时间的推移，我愈来愈渴望见到她。我有时吓唬她说我要找辆出租车立刻奔到她跟前。可是她不允许，她说如果我们相见后发现彼此并不相爱，她会死掉的。整整12个月，我是在期待中度过的。我们的爱情虽然近在咫尺，却绕过了狂暴的感情波澜，正平稳地驶向永恒的彼岸。通话的魅力胜过了秋波和拥抱。

一天晚上，我刚从乡间赶回伦敦，就连忙拿起话筒拨她的号码。一阵嘶哑的尖叫声代替了往日那清脆悦耳的银铃声，我顿时感到一阵晕眩。这意味着那条电话线出了故障或者被拆除了。第二天仍旧是嘶哑的尖叫。我找到接线生，请求他们帮我查查格罗斯文诺8829的地址，起先他们不理睬我，因为我说不出她的名字。后来一位富有同情心的接线小姐答应帮我查查。

"当然可以。"她说，"你好像很焦急。是吗？嗯，这个号码所属的那片区域前天夜里挨了炸弹，号码主人叫……"

"谢谢，"我说，"别说了，请你别说了。"

我放下了话筒。

（沈东子译，有删改）

小说写的只是战争中的一个小故事，却用了"战争"这样一个大题目，你认为这样处理合适吗？请结合全文，谈谈你的观点。

解析 这道题是2016年高考全国Ⅱ卷的试题。不论是上一题问程砚秋改编的《六月雪》和原作关汉卿的《窦娥冤》相比哪个更好，还是这一题问小说《战争》使用了"战争"这样一个大题目是否合适，其特点都是：答案并不固定，只要有自己的见解、独到的感受和创造性的理解，言之成理、自圆其说即可。目的都是考查学生对作品从多角度进行评价和判断，学生对此内容要有自己的感受和理解。

答案 观点一：合适。

① 小故事冠以大题目，对比鲜明，强化了艺术张力；

② 战争是故事发生的契机与悲剧的根源和社会背景，是小说构思的基础；

③ 小说写的虽是爱情故事,但主题却是对战争的"失望"与反思。

观点二:不合适。

① 小故事冠以大题目,故作高深,不符合写作的一般原则;

② 小说的艺术感染力源自战争中的爱情,而不是战争;

③ 小说情节设置以小人物的坚强与不幸为主干,战争只是引起情节变化的背景。

★ 新课标和旧课标都要求但要求不同

■ 新课标和旧课标对于文学作品鉴赏,均要求了解基本特征、主要表现手法。

例4　阅读下面的作品,完成习题。

白鹿原上奏响一支老腔

陈忠实

我第一次看老腔演出,是前两三年的事。朋友跟我说老腔如何如何,我却很难产生惊诧之类的反应。因为我在关中地区生活了几十年,却从来没听说过老腔这个剧种,可见其影响的宽窄了。开幕演出前的等待中,作曲家赵季平也来了,打过招呼握过手,他在我旁边落座。屁股刚挨着椅子,他忽然站起,匆匆离席赶到舞台左侧的台下,和蹲在那儿的一位白头发白眉毛的老汉握手拍肩,异常热乎,又与白发白眉老汉周围的一群人逐个握手问好,想必是打过交道的熟人了。我在入座时也看见了白发白眉老汉和他跟前的十多个人,一眼就能看出他们都是地道的关中乡村人,也就能想到他们是某个剧种的民间演出班社,也未太注意。赵季平重新归位坐定,便很郑重地对我介绍说,这是华阴县的老腔演出班社,老腔是很了不得的一种唱法,尤其是那个白眉老汉……老腔能得到赵季平的赏识,我对老腔便刮目相看了,再看白发白眉老汉,安静地在台角下坐着,我突然生出神秘感来。

轮到老腔登台了。大约八九个演员刚一从舞台左边走出来,台下观众便响起一阵哄笑声。我也忍不住笑了。笑声是由他们上台的举动引发的。他们一只手抱着各自的乐器,另一只手提着一只小木凳,木凳有方形有条形的,还有一位肩头架着一条可以坐两三个人的长条板凳。这些家什在关中乡村每一家农户的院子里、锅灶间都是常见的必备之物,却被他们提着扛着登上了西安的大戏台。他们没有任何舞台动作,用如同在村巷或自家院子里随意走动的脚步,走到戏台中心,各自选一个位置,放下条凳或方凳坐下来,开始调试各自的琴弦。

锣鼓敲响,间以两声喇叭嘶鸣,板胡、二胡和月琴便合奏起来,似无太多特点。而当另一位抱着月琴的中年汉子开口刚唱了两句，台下观众便爆出掌声；白毛老汉也是刚刚接唱了两声，那掌声又骤然爆响。有人接连用关中土语高声喝彩，"美得很！""太斩劲了！"我也是这种感受，也拍着手，只是没喊出来。他们遵照事先的演出安排，唱了两段折子戏，几乎掌声连着掌声，喝彩连着喝彩，无疑成为演出的一个高潮。然而，令人惊讶的一幕出现了，站在最后的一位穿着粗布对门襟的半大老汉找着长条板凳走到台前，左手拎起长凳一头，另一头支在舞台上，用右手握着的一块木砖，随着乐器的节奏和演员的合唱连续敲击长条板凳。任谁也意料不及的这种举动，竟然把台下的掌声和叫好声震哑了，出现了鸦雀无声的静场。短暂的静默之后，掌声和欢呼声骤然爆响，经久不息……

我在这腔调里沉迷且陷入遐想，这是发自雄浑的关中大地深处的声响，抑或是渭水波浪的涛声，也像是骤雨拍击无边秋禾的啸响，亦不无知时节的好雨润泽秦川初春返青麦苗的细近于无的柔声，甚至让我想到柴烟弥漫的村巷里牛哞马叫的声音……

我能想到的这些语言，似乎还是难以表述老腔撼人胸脯的神韵；听来酣畅淋漓，久久难以平复，我却生出相见恨晚的不无懊丧自责的心绪。这样富于艺术魅力的老腔，此前却从未听说过，也就缺失了老腔旋律的熏陶，设想心底如若有老腔的旋律不进响动，肯定会影响到我对关中乡村生活的感受和体味，也会影响到笔下文字的色调和质地。后来，有作家朋友看过老腔的演出，不无遗憾地对我说过这样的话，你的小说《白鹿原》是写关中大地的，要是有一笔老腔的画面就好了。我却想到，不单是一笔或几笔画面，而是整个叙述的文字里如果有老腔的气韵弥漫……

直到后来小说《白鹿原》改编成话剧，导演林兆华在其中加入了老腔的演唱，让我有了一种释然的感觉。从此老腔借助话剧《白鹿原》登上了北京人民艺术剧院的舞台。

后来还想再听老腔，却难得如愿。不过两年之后，我竟然在中山音乐堂再次过足了老腔的瘾。那天，无论白毛老汉，还是其他演员，都是尽兴尽情完全投入地演唱，把老腔的独特魅力发挥到最好的程度，台下观众一阵强过一阵的掌声，当属一种心灵的应和。纯正的关中东府地方的发音，观众能听懂多少内容可想而知，何以会有如此强烈的呼应和感染力？我想到的是旋律，一种发自久远时空的绝响，又饱含着关中大地深厚的神韵，把当代人潜存在心灵底层的那一根尚未被各种或高雅或通俗的音律所淹没的神经撞响了，这几乎是本能地呼应着这种堪为大美的民间原生形态的心灵旋律。

我在那一刻颇为感慨，他们——无论秦腔或老腔——原本就这么唱着，也许从宋代就唱着，无论元、明、清，以至民国到解放，直到现在，一直在乡野在村舍在庙会就这么唱着。直到今晚,在中山音乐堂演唱。我想和台上的乡党拉开更大的距离,便从前排座位离开,在剧场最后找到一个空位,远距离欣赏这些乡党的演唱,企图排除因乡党乡情而生出的难以避免的偏爱。这似乎还有一定的效应,确凿是那腔儿自身所产生的震撼人的心灵的艺术魅力……在我陷入那种拉开间距的纯粹品尝的意境时,节目主持人濮存昕却作出了一个令全场哗然的非常举动,他由台角的主持人位置快步走到台前,从正在吼唱的演员手中夺下长条板凳,又从他高举着的右手中夺取木砖,自己在长条板凳上猛砸起来,接着扬起木砖,高声吼唱。观众席顿时沸腾起来。这位声名显赫的濮存昕已经和老腔融和了,我顿然意识到自己拉开间距,寻求客观欣赏的举措是多余的。

文章第四段运用了多种手法,表达了作者对老腔的感受。请结合具体语句加以赏析。

解析 这道题是2016年高考北京卷试题,新课标和旧课标对于戏剧,均提出了诵读、分享会、戏剧表演等建议,要求有所不同。

答案 ①第四段中使用了比喻的手法,将老腔的声音比作"渭水波浪的涛声""骤雨拍击无边秋禾的啸响"等等,生动形象地写出了老腔感人肺腑的神韵以及老腔与关中乡村生活的密切联系,体现了老腔给作者带来的震撼。②第四段中"这是……""抑或是……""也像是……"等句子使用了排比的手法,极具气势地写出了老腔给作者带来的无限遐想和难以言喻的震撼。

■ 新课标对于文学作品鉴赏,不仅要求了解诗歌、散文、小说、戏剧等文学体裁的基本特征及主要表现手法,更要求从语言、构思、形象、意蕴、情感等多个角度欣赏作品。

例5 阅读下文,完成问题。

错位之思

凸凹

记忆里,母亲有一双美丽的手,纤长、白皙,但却不善女红。纳鞋底时,常把针尖扎到自己的手上,布面上便血迹斑斑。但她依然要勤勉地纳,因为有三个顽皮小儿等鞋穿,她要怜惜他们的脚。待手艺渐渐娴熟起来,她的手也渐渐地变了形,手指短粗、弯曲,即便是抚在平展的几案上,也放不平。

她自己都笑,自嘲说:"这是人手吗?"

然而,现在的她,都到了七老八十的年纪,一双丑陋的手却异常灵巧,不仅把鞋垫纳得精美得让人不忍心穿,还能剪出线条繁复、构图精细的窗花,让人不忍心往窗上贴。

母亲也曾有袅娜的身姿,即便是在硬冷的石头村路上,也走得柔软温暖。

但这个柔美浪漫的身姿,却要负重——上山背粪肥,下山背苞米和谷黍。渐渐地把腰背驼了,把腿背撇了,到了现在,即便是走在平阔的街道上,也蹒跚而瘸,步态老丑,令人惋惜。

她自己打趣道:"怜惜步子,就怜惜不了肚子,身子重了,日子才过得轻松,老天对人是公平的。"

现在的她,虽身姿老丑,却不管不顾地在街上行走,好像回到了年轻的时光。她到建筑工地捡砖头瓦块、破铜烂铁,到商店酒肆门前捡包装盒和啤酒瓶子,且常跟收破烂的小贩计较斤两,眼睛发亮,乐在其中。

儿女们碍于虚荣,纷纷劝阻,说,您腿脚已不灵便了,应该养在家里,却满世界捡,外人见了,会对我们产生质疑。母亲说,正因为腿脚不灵便了,才需要动,这跟年轻时不同,年轻时是为了过好日子,不得不动,现在是为了心里盈满,乐意动。动一动就满心欢喜,不动反而不自在。

从母亲身上,我似乎懂得了,所谓岁月,就是无论如何都要过的日子,这其中的行止,都是被迫的动作,人不能左右,生活的状态就常出现错位。随着阅历的增长,心灵的深处便多了生命的沧桑之感,即面对生活的种种错位,不再诧异、惊恐,更不再抱怨,而是以豁然的心境泰然处之,如此,人就自在了,从被动的顺应,到主动的顺生,最后进入乐生之地,俗生活也有了佛门禅意。母亲在捡荒中的乐此不疲,或许就有了个中意味。

虽然她对此浑然不知,但我知。

儿时的我,即便是瘦小无力,也莫名其妙地觉得强。母亲到山顶的堰田去点种,我也执意地跟去:"有我在,您会省不少力气。"

堰田很窄,正容我与母亲并排点种。起初还与母亲保持相同的节奏,愈到后来愈跟不上母亲的步调了,便被母亲远远地甩在身后。母亲回过头来,看着她气喘吁吁的儿子,怜爱地微笑着。但在我眼里,她的笑疑似嘲弄,我便愤怒地追赶。到中午,我感到极端的疲乏,筋骨似被抽去。母亲将干粮摊在地头,我却无一点胃口。这时我看到一只蚂蚁爬进地隙里,呵呵地笑;看到一只小虫在树梢上蠕动,也呵呵地笑。神经有一种莫名的兴奋。

"你是累脱了神经了啦。"她说。

待我把下巴笑酸了,眼皮重得再也睁不开了,我极想睡上一觉。

"你就在干草上仰一会儿吧,但千万别睡着了,四月的风还硬哩。"母亲说。

母亲独自点种去了,我依旧在干草上仰着。不让睡,我就仰面望天空。山顶上的天空没有山树的遮蔽,就显得特别空阔。空阔之上,也无一丝云,就蓝得无边无际。一只苍鹰在上边翱翔,虽然不断振翅,却看不出在飞,好像一直就停在那里。

再回看母亲——不老的山谷,一片空茫;荷镐而立的一介农妇,相映之下,渺小如蚁,几近虚无。

现在的我,不仅身形伟岸,气壮如牛,而且还得到了许多额外的声名,在外人看来,是有力量、有分量的人了,可以傲然挺立,纵横左右。但那空阔的天空、苍茫的大地上的生命暗示却从未离我远去。苍鹰之小、人力之微,是无声的天启,让人懂得敬畏,懂得了内敛。

(有删改)

(1) 第 2 段和第 5 段是如何塑造母亲形象的? 请加以分析。

(2) 第 7、8 两段的语言呈现出不同特点,请结合内容加以赏析。

(3) 全文围绕"错位"进行构思,新颖独特,请结合内容加以赏析。

(4) 评析本文所表达的思想的意义。

解析 这道题是 2018 年上海秋季高考语文卷的试题。这 4 个问题分别考查从形象、语言、构思、意蕴情感这几个角度欣赏作品。

答案 (1) 这两段写母亲以"自嘲""打趣"的话语面对因生活重负而变形的手和身姿,写出她对生活的体悟,塑造了乐观、豁达的母亲形象。

(2) 第 7 段记录母亲和儿女的对话,体现了平实、质朴、自然等口语特点,符合人物特点和生活情境;第 8 段写作者对母亲生活态度的认识,语言凝练而厚重,与作者的思考相一致。对象不同,要达到的效果不同,两个段落便呈现出不同的语言特点。

(3) 作品将某些生活现象归结为"错位",选材、组材都围绕"错位"来展开。先以母亲手与身姿的"错位",写出母亲面对"错位"时的心态,进而引出作者对母亲为什么拥有顺生乐生这种态度所作的思考,并以"我"经历的"错位"加以呈现。这种构思,新颖独特。

(4) 答案示例一:作者认为要怀着敬畏之心、持重内敛处事,这种态度对当下人有警醒的作用。在学习、工作中,我们应心平气和地对待生活中的种种"错位",不怨天尤人,也不妄自尊大,这样才能坦然、乐观地生活。

答案示例二:作者认为面对生活中的"错位"要怀着顺生乐生的态度,不哀叹,不抱怨。这种观点总体而言有正面的意义,但是,面对生活中的"错位",作为青年,我更愿意直面困难,改变现状,为之付出最大努力。

一、教学要求对比

内容	新课标	旧课标	区别
阅读	阅读古今中外论说名篇,把握作者的观点、态度和语言特点,理解作者阐述观点的方法和逻辑。阅读近期重要的时事评论,学习作者评说国内外大事或社会热点问题的立场、观点、方法。在阅读各类文本时,分析质疑,多元解读,培养思辨能力。	"发现·创新"方面中的表述为:学习多角度多层次地阅读,对优秀作品能够常读常新,获得新的体验和发现。学习用历史眼光和现代观念审视古代作品的内容和思想倾向,提出自己的看法。 "必修课程目标与内容"中的表述为: ① 发展独立阅读的能力。善于发现问题、提出问题,对文本能作出自己的分析判断,努力从不同的角度和层面进行阐发、评价和质疑。 ② 注重个性化的阅读,充分调动自己的生活经验和知识积累,在主动积极的思维和情感活动中,获得独特的感受和体验。学习探究性阅读和创造性阅读,发展想象能力、思辨能力和批判能力。	内容设定不同:新课标的能力达成的目标和标准更明确、更精准、更聚焦:由原来的阅读论述文,注重口语的态度和修养,变成了阅读论说经典、时事评论,表达和阐发观点,多角度思考和反驳观点,学会讨论和辩论等。 教学资源不同:新课标对教师和学生提出了更为丰富与多样的教学资源开发要求,也更有时代感与生活气息,打通了语文与生活的界限。在社会生活中学习语文,在学习语文中关注社会生活,培养语文核心素养的目的更明确。 教学重点不同:新课标更强调对学生思维、思想的培养与塑造,不仅仅是一种阅读的要求与规划,而是从思辨这一语言的内核入手,撬开思维和思想的秘境,让语文教学更丰富、更全面。

内容	新课标	旧课标	区别
表达和阐发观点	学习表达和阐发自己的观点,力求立论正确,语言准确,论据恰当,讲究逻辑。学习多角度思考问题。学习反驳,能够做到有理有据,以理服人。	"思考·领悟"中的表述为:养成独立思考、质疑探究的习惯,发展思维的严密性、深刻性和批判性。乐于进行交流和思想碰撞,在相互切磋中,加深领悟,共同提高。	命名不同:新课标专门提出"思辨性阅读与表达"学习任务群,与课程的学术研究结合得较好,精准地体现语文核心素养的要求。旧课标只是对思维的特点和习惯提出了要求,没有具体到语言表达的逻辑层面、论据层面、思辨性层面等。要求不同:新课标在阅读与表达上,既讲实证、推理、批判与发现能力,还要求通过增强思维的逻辑性和深刻性,提高理性思维的水平。这一要求点面结合,明确且具体。而旧课标只强调"乐于进行交流和思想碰撞",这一能力要求较为宽泛,可操作性不强。
讨论和辩论	围绕感兴趣的话题开展讨论和辩论,能理性、有条理地表达自己的观点,平等商讨,有针对性、有风度、有礼貌地进行辩驳。	"必修课程目标与内容"中的表述为:学会演讲,做到观点鲜明,材料充分、生动,有说服力和感染力,力求有个性和风度。在讨论或辩论中积极主动地发言,恰当地应对和辩驳。	实施路径不同:新课标强调思辨性、对话性、客观理性,注重思维过程和思维方法的培养。旧课标主要强调的是"学会演讲",缺少对思维的内核和讨论辩论的形式的关注。目标设定不同:新课标着力于关键能力和学科核心素养的养成与提升。旧课标主要强调的是能力与素质。

二、对应题型示例

★ **新课标要求但旧课标不要求**

■ 新课标要求阅读时事评论,学习作者看问题的立场、观点、方法。分析质疑,多元解读,培养思辨能力,而旧课标没有这一要求。

例1 阅读以下材料,完成相关任务。

批评是最深沉的一种爱国方式

世界上的爱有两种,一种是大爱,一种是小爱。有的人疼爱自己的孩子,不忍让孩子受委屈,于是呵护他,赞美他;有的人也疼爱孩子,但他替孩子考虑得长远,于是磨练他,苛求他。前者爱得感性,后者爱得理性,你们说哪种爱是大爱? 当然是后者。所以,批评自己的孩子的缺点,不等于不爱;赞美别人孩子的优点,不等于准备放弃自己的孩子,那是在激励自己的孩子。这些日常生活中的道理我们都懂,但为什么在爱国的问题上,我们却有另外的道理呢?

中国式的爱国往往建立在对外仇恨、对内偏袒的基础上。恨外国越厉害,证明越爱国。日本曾经是我们的敌人,所以很多人把恨日本当作爱国的表现,谁要说日本两句好话,或者说中国不如日本的地方,谁就是汉奸,即使你说的是事实。在爱国者那里,事实已经不重要,重要的是你的立场和感情。

诚然,日本和其他一些西方列强曾经侵略过我们,给中华民族带来了深重灾难,前事不忘,后事之师,对这段历史我们需要警钟长鸣。不过,牢记历史不等于牢记仇恨,我们要牢记的是:为什么我们会遭到侵略? 对方有哪些长处需要学习? 从这段历史中我们应该吸取哪些教训才不至于重蹈覆辙? 这些问题我们应该一代一代地牢记并反省下去。只是责怪别人、发泄愤怒既不能赢得别人的尊重,也于自己国家的现在和将来无益。

我以为真正的爱国者是督促自己的国家反省甚过督促别人国家反省的人。唱自己国家的赞歌,这是人类自然的本性,这也是爱,不过,这是一种本能的肤浅的爱,或者说就是开头我们提到的小爱。真正的爱是对自己国家的批评乃至于苛求,只有这样才有利于国家的长远利益,这是大爱,那种听不得有人说自己国家坏话的爱是一种狭隘的爱,或者说是一种溺爱,溺爱的结果是把一个民族变得骄纵、弱不禁风。

当前,我们正处于这样一种爱国情境当中:千方百计找别人的缺点,千方百计放大自己的优点。在人与人相处时,我们都知道要多看人家的优点,少看人家的缺点,这样才有利于自我完善和发展,但为什么在国与国相处时,却反其道而行之呢？以日本为例，我们都希望在未来的竞争中超越它，也许是经济的竞争，也许是军事的竞争。我们拿什么超越它？靠仇恨和责怪？说到底，竞争拼的是实力而不是口水。要让中国具备战胜日本的实力，你就要了解人家，尤其要了解人家的优点。不了解它的缺点并不可怕，可怕的是我们不了解人家的优点。

平心而论，我们的"爱国青年"有几个了解日本？我们所知道的日本仅限于残暴和侵略，其他的呢？我们知道现在的日本和二战时的日本有哪些本质的区别吗？我们知道现在日本人的想法吗？我们知道被篡改的教科书只有不到0.04％的日本学生在使用吗？我们知道日本首相参拜靖国神社不过是为争取选票而做出的姿态吗？我们知道日本是给予中国经济援助最多的国家吗？甚至我们知道什么是武士道吗？

这一系列问题，不能简单地用仇恨的眼光对待，必须进行具体而细致的研究。了解对手是战胜对手最起码的前提，美国为什么能够在二战中战胜日本，除了实力因素外，还有一个重要原因就是他们了解日本。本尼迪克特的《菊花与刀》就是战争中美国人研究日本人的一个成果，这本书详细分析了日本的国民性，其中不乏溢美之词，比如："日本人生性极其好斗而又非常温和；黩武而又爱美；倨傲自尊而又彬彬有礼；顽梗不化而又柔弱善变；驯服而又不愿受人摆布。"这些言论发生在美日两国正在太平洋上进行殊死搏斗之时，在中国作这样的分析是难以想象的，可能早被扣上了"汉奸言论"的帽子。正是有这样对日本人客观理性的认识，美军在太平洋上稳扎稳打而不急于求成，一步一步逼近日本本土，最终取得了胜利。可是，我们许多"爱国者"连了解对手的勇气都没有，更不要说赶超对手的能力了。

爱国不是呼口号，不是喊两句"打倒""消灭"那么简单和容易的事，它需要我们扎扎实实做事，认认真真负责。在发泄我们对别人的愤怒时，需要想一想，究竟对国家有利还是不利？需要想一想，一旦引起了争端，我们拿什么去和别人抗衡？当初闹义和团就是没有认真想这些问题，结果引起了灾难性后果。如果这也算爱国，那只算是不负责任的爱国。

今天的爱国者大多是用口水爱国，一旦涉及自己切身利益，他们的爱国热情就要叫停。2006年发生了抵制日货的事件，不少人参与了砸日本商场的行动，爱国终于从口号变成了行动。然而，他们的抵制不彻底，他们让别人抵制日货而自己并不抵制，听说了有人砸日本商店商品和路边停放的日本进口汽车，但没听说有人把自己家里的日本家用电器毁了的事情发生。实际上，这样的爱国者从内心来说是怯懦的，从头脑来说是不健全的。我希望我们的同学不要做这样的懦弱者，而要做负责任的爱国者。

（节选自魏勇《用思想点燃课堂》）

（1）针对文章如下内容，请归类哪些是事实，哪些是观点。

① 平心而论，我们的"爱国青年"没有几个了解日本。

② 我们所知道的日本仅限于残暴和侵略。

③ 我们不知道现在的日本和二战时的日本有哪些本质的区别。

④ 我们不知道现在日本人的想法。

⑤ 被篡改的教科书只有不到 0.04% 的日本学生在使用。

⑥ 日本首相参拜靖国神社不过是为争取选票而做出的姿态。

⑦ 日本是给予中国经济援助最多的国家。

⑧ 我们不知道什么是武士道。

事实：＿＿＿＿＿＿＿＿＿＿＿＿＿＿＿＿＿

观点：＿＿＿＿＿＿＿＿＿＿＿＿＿＿＿＿＿

（2）根据文章内容识别谬误，并完成填空。

名称	本文对应内容	谬误分析	尝试修改
以偏概全	平心而论，我们的"爱国青年"有几个了解日本？我们所知道的日本仅限于残暴和侵略，其他的呢？我们知道现在的日本和二战时的日本有哪些本质的区别吗？我们知道现在日本人的想法吗？我们知道被篡改的教科书只有不到 0.04% 的日本学生在使用吗？我们知道日本首相参拜靖国神社不过是为争取选票而做出的姿态吗？我们知道日本是给予中国经济援助最多的国家吗？我们知道什么是武士道吗？	① ＿＿＿＿＿＿＿＿　＿＿＿＿＿＿＿＿＿　＿＿＿＿＿＿＿＿＿　＿＿＿＿＿＿＿＿＿　＿＿＿＿＿＿＿＿＿	③ ＿＿＿＿＿＿＿＿　＿＿＿＿＿＿＿＿＿　＿＿＿＿＿＿＿＿＿　＿＿＿＿＿＿＿＿＿
偷换概念		② ＿＿＿＿＿＿＿＿　＿＿＿＿＿＿＿＿＿　＿＿＿＿＿＿＿＿＿　＿＿＿＿＿＿＿＿＿	＿＿＿＿＿＿＿＿＿　＿＿＿＿＿＿＿＿＿　＿＿＿＿＿＿＿＿＿　＿＿＿＿＿＿＿＿＿

答案　（1）事实：⑤⑦；观点：①②③④⑥⑧

（2）①所指"爱国青年"是全体还是部分呢？②爱国青年回答不了 8 个连续问句，就意味着他们"所知道的日本仅限于残暴和侵略"。③平心而论，我们有些"爱国青年"可能还不太了解日本，所知道的日本可能仅限于残暴和侵略，那其他方面的情况呢？我们可以扪心自问：我们知道现在的日本和二战时的日本有哪些本质的区别吗？……

■ 新课标要求参加讨论和辩论,能理性、有条理地表达自己的观点,有针对性、有风度、有礼貌地进行辩驳,而旧课标不要求。

例2 阅读以下材料,完成相关任务。

有一群友,在群里转发了一篇文章,主要内容如下:

有一天晚上,小约翰很有兴致地说要自学中文,他一会儿翻《成语词典》学成语,一会儿翻《新华字典》掌握字义,正这么翻着,突然,他冲着我大声喊:"陈老师,为什么'猪'的解释是这样的? 太不可思议了!"

"猪"的注解有哪儿不对了? 我好奇地走过去看,只见字典上这样写着:"猪:哺乳动物,肉可食,鬃可制刷,皮可制革,粪是很好的肥料!"

我看了看后对小约翰说,这是正确的,小约翰没点头也没摇头,但内心里却似乎保持着他自己的某种想法,他沉思了片刻又自言自语地说:"这是对'猪'的解释,那'牛'字的解释又是怎么样的呢?"他刷刷几下就查到了"牛"字,这下,他似乎更加惊讶了,他用不可置信的口吻大声念了起来:"牛:哺乳动物,趾端有蹄,头上长一对角,是反刍类动物,力量很大,能耕田拉车,肉和奶可食,角、皮、骨可作器物!"

小约翰用惊讶的神色看着我,我也很纳闷地看着他,这没有什么不妥啊,本来就是这样的嘛!

小约翰眨了眨眼睛,居然又来了主意,要去查一查"驴"字的注解,我不禁也好奇地站在一边看着,查到"驴"字后,只见上面写着:"驴:哺乳动物,像马,比马小,能驮东西、拉车、耕田、供人骑乘,皮可制阿胶!"

小约翰似乎对眼前的这本字典失望至极,他问我这类字典是不是给中国学生学习用的,我告诉他说大多数时候是学生们用的,但成人有时候也需要。小约翰听了叹了一口气说:"这太令人震惊了,居然这样解释这些动物!"

我纳闷地说:"你觉得字典上的解释是错的?"

"当然,而且还是非常错误!"小约翰说,"人是大自然中的一员,大自然里的每一种动物和人类都是平等的,动物是人类的朋友,我们应该要爱惜它们,帮助它们,保护它们,而不是去利用它们,你看字典中的解释,不是用来吃,就是用来做劳动工具,甚至要把它们杀死后做成产品,这完全不是它们的朋友应该做的事情。我觉得那些注解会让中国的学生从认字开始就觉得动物并不值得尊重,会觉得动物只是用来杀掉吃的食品或者是用来使唤劳动的工具,甚至是一种产品,这和'保护动物'的呼吁是完全背道而驰的!"

小约翰的这番话使我怔住了,从他这个角度去理解,字典里对一些动物的解释确实缺乏"尊重"与"平等",不是站在"朋友"的立场去介绍,而是站在一个屠夫的立场,对动物做出了残忍的,不人道的,野蛮并且自私的注解。

一个外国孩子眼中的《新华字典》居然存在着这么严重的问题,而我们这些天天都在使用汉字的中国人,又有谁去想过这个问题呢?这值得我们反思,甚至羞愧!

群友 A 评论:这篇文章真叫人醉了,难道这位小朋友全家不喝牛奶不吃肉不穿皮鞋?这种一手屠刀一手博爱的极致虚伪真叫人呵呵!

群友 B 评论:看了这篇文章,我感到惭愧,可能也不是说外国人虚伪,只是他们的教育和价值观的确和我们是相反的,这需要我们的深刻反思,我们从一开始就把这些定义在屠刀下,动物的最终结局都是被人类玩弄,而新华字典也正反映了普遍国人的价值观,这归根结底是立场的问题。

群友 C 评论:你是否打算教给我这种知识:过年了,抓头猪放在家里供养着,每天对它磕头,对猪说,保佑我一生平安富贵。做完了这一切后,一刀子捅死那头猪!

(选自微信公众号"思维审视者"2017 年 1 月 7 日推送文章)

(1)请尝试概括小约翰的立场、观点及其逻辑关系,以及几位群友的态度。

(2)如果你参加讨论,你怎样有条理、有风度、有礼貌地进行辩驳?

答案　(1)小约翰站在善意、同情、公正的立场上,认为字典突出了动物可以如何被人利用,其隐含的价值观是错误的,他强调"大自然里的每一种动物和人类都是平等的,动物是人类的朋友,我们应该要爱惜它们,帮助它们,保护它们,而不是去利用它们"。群友 A 反对小约翰的价值观,群友 B 赞同,群友 C 又对群友 B 的赞同进行了否定。

(2)小约翰看到了字典所存在的价值观问题,应该说这是儿童教育的正常逻辑,我们既没有必要那么严厉地指责字典的编写者们,也没有必要那么严厉地批驳像小约翰这样的指责者。指责者提醒我们,尽管我们在剥动物的皮,吃动物的肉,但我们可以更人道地对待它们,如让它们活得舒适一些,宰杀时痛苦少一些,甚至怀一点不忍、歉疚之心。这是属于价值观层面上的争论。这一争论切忌以"我对你错"为目的或出发点,切忌使用极端的语言,切忌曲解对方的观点。除非双方已经有了一些共识,不对这些共识做进一步论证,否则会陷入"无穷后退"的困境。只有从这些共识出发进行推理得出结论,才能够消除分歧。

☆　旧课标要求但新课标不要求

■　旧课标要求阅读论述类文本应引导学生把握观点与材料之间的联系,着重关注思想的深刻性、观点的科学性,而新课标不要求。

例3　阅读以下材料,完成相关任务。

就中国的文化源头而言,无论是孔、孟,还是佛、老、墨翟、申、韩,孜孜汲汲,惕励忧勤,无不以济世安民为己任,怀抱一种死而后已的念头。自庄子、列子之后,继之以巢父、许由,乃至西晋的王衍之辈,倡导洁身自好,愿做山林高人、达士,隐士之风骤然而起。两者之分,其根本在于"人""我"之别:孔、孟认得"人"字真,身心性命只是为了天下国家;而庄、列则认得"我"字真,视天地万物只是成就自己。

事实确乎如此。在儒家学者中,孔、孟到处周游,辙环天下,孔子弟子亦不免事奉季氏。究其原因,固然因为事势不得不然,舍此无以自活;但更重要的因素,还是因为孔、孟怀抱起死回生之力,而天下又有垂死欲生之民,所以遍行天下,希望藉此行道。

那么,士人为何必须出仕做官?从原始儒家的观点来看,显然是为了达臻兼善天下的公共理想。担任官职是士人维持小农生存、实践其公共理念的必要媒介。即使是史书中所广泛记载的隐士、逸民,尽管他们远离官场,然此类隐居行为之所以被不断强调,还是因为他们原本就怀抱一种被君主征召入仕的期待。

就原始儒家的理想而言,士人积极入仕体现为一种对国家体系的依附。当然,这种依附性尚不足以证明士人阶级的存在完全是为了追求自身的利益。儒家的忧乐观足以证明士人阶级原本怀抱一种"孔颜之乐"的理想情操。"孔颜之乐"自宋儒周敦颐提出之后,已经成为宋明理学的核心理念。所谓孔颜之乐,就是孔子"疏食饮水",乐在其中;颜子身处陋巷,箪食瓢饮,不改其乐。究其本义,并非是说孔子以"疏食饮水"为乐,而是孔子将"不义而富贵",视之轻如浮云。至于颜子之乐,则是倡导身处陋巷,不失自己的本心,即使身处富贵,仍能坚持自己的节操。儒家又有"仁者不忧"之说。所谓"不忧",就是不忧于未来,是一种不对个人未来祸害加以担心的境界。至于万民之忧,却被儒家一直系挂心头。为此,儒家士人也就有了"居朝廷则忧其民,处江湖则忧其君"之论。

随着士大夫社会的确立,士人出仕的公共理想开始发生异化,也就是从做官为了"养民""爱民",进而异化为做官为了追逐个人的一己私利。于是,士人对国家体系的依附,也从高尚的淑世理想,转而变成单纯追逐利益的寄生官僚意识。随之而来者,则是官员为官意识、习气的三大转变:一是从"养德"转变为"养态",士大夫不再为可怒、可行之事而显现出刚正、果毅的德容,而是追求宽厚浑涵,不再任事敢言、忧国济时的俗状;二是从"策名委质"转变为"营营于富贵身家",士大夫不再为了任天下国家之事而不顾个人的安危得失,而是营营于富贵身家,将社稷苍生委质于自己,不再认真做事;三是"功名"观念的转变,也就是从做官是"为天地立心,为生民立命,为万世开太平",转乾旋坤,继往开来,转而变为追求富贵。

（节选自陈宝良《中国官本位意识的历史成因》，《新华文摘》2014年第11期，有删改）

（1）对"士人出仕的公共理想"理解不正确的一项是（　　）

A. 按照原始儒家的观点，其核心内容是兼善天下。

B. 是原始儒家的理想，外在表现为依附国家体系。

C. 是原始儒家追求的忧乐观，即怀抱"孔颜之乐"。

D. 后期发生了异化，出仕的目的转向了个人私利。

（2）下列对原文思路的分析，不正确的一项是（　　）

A. 第1、2两段从中国文化源头说起，通过分析仕与隐的不同明确本文的讨论重点，即为何有人"居朝廷"有人"处江湖"。

B. 第3段承上启下，分析"士人必须出仕做官"的原因，从正反两个方面说明任职是士人实践公共理念的必要媒介。

C. 第4段进一步阐述士人出仕做官体现为对国家体系的依附，强调士人阶级的这种依附主要不是为了追求自身利益。

D. 第5段着重剖析士人出仕的公共理想异化的情况，即做官目的、依附国家体系的性质、为官意识与习气等的转变。

（3）下列对原文中作者观点的概括，不正确的一项是（　　）

A. 仕与隐的根本区别在于，前者是服务天下百姓，后者是为了成就自我。

B. 为了维持小农生存、实践其公共理念，积极入仕成为士人的必然选择。

C. 儒家的忧乐观既包括"孔颜之乐"又含万民之忧，主要是为兼济天下。

D. 随着士大夫社会的确立，士人对国家体系的依附开始异化并逐渐衰退。

答案　（1）C。结合文本内容"士人积极入仕体现为一种对国家体系的依附。当然，这种依附性尚不足以证明士人阶级的存在完全是为了追求自身的利益。儒家的忧乐观足以证明士人阶级原本怀抱一种'孔颜之乐'的理想情操"可知，"士人出仕的公共理想"并非等同于原始儒家追求的忧乐观，更不能和"孔颜之乐"划等号。

（2）A。结合文本内容"固然因为事势不得不然，舍此无以自活；但更重要的因素，还是因为孔、孟怀抱起死回生之力，而天下又有垂死欲生之民，所以遍行天下，希望藉此行道"可知，"通过分析仕与隐的不同明确本文的讨论重点，即为何有人'居朝廷'有人'处江湖'"与原文意思不符。

（3）D。结合文本内容"进而异化为做官为了追逐个人的一己私利。于是，士人对国家体系的依附，也从高尚的淑世理想，转而变成单纯追逐利益的寄生官僚意识"可知，"士人对国家体系的依附开始异化并逐渐衰退"不合文意。

✦ **新课标和旧课标都要求但要求不同**

■ 新课标要求阅读古今中外典型的思辨性文本,把握作者的观点、态度和语言特点,理解作者阐述观点的方法和逻辑。旧课标则只要求对文本作出自己的分析判断,努力从不同的角度和层面进行阐发、评价和质疑。

例4 阅读下面的文字,完成习题。(2019年高考全国Ⅰ卷)

对文学艺术创作者来说,或早或晚,都会遭遇到这个问题——为谁创作、为谁立言?习近平同志强调:"文学艺术创造、哲学社会科学研究首先要搞清楚为谁创作、为谁立言的问题,这是一个根本问题。人民是创作的源头活水,只有扎根人民,创作才能获得取之不尽、用之不竭的源泉。"

目前,文艺界普遍认识到,只有与身处的时代积极互动,深刻回应时代重大命题,才会获得艺术创作的蓬勃生机。然而,在创作实践中,还有许多作家、艺术家困惑于现实如此宏大丰富,以至于完全超出个人的认识和表现能力。我们常常听到这样的说法:现实太精彩了,它甚至远远走到了小说家想象力的前面。是的,我们有幸生活在这样一个日新月异的时代,随时发生着习焉不察而影响深远的变化。这就为作家、艺术家观察现实、理解生活带来巨大困难。对于他们而言,活灵活现地描绘出生活的表象,大约是不难的,难就难在理解生活复杂的结构,理解隐藏在表象之下那些更深层的东西。那么,这"更深层的东西"是什么呢?

去过天安门广场的朋友一定会对矗立在广场上的人民英雄纪念碑印象深刻,许多人都背得出上面的碑文——"三年以来,在人民解放战争和人民革命中牺牲的人民英雄们永垂不朽!三十年以来,在人民解放战争和人民革命中牺牲的人民英雄们永垂不朽!由此上溯到一千八百四十年,从那时起,为了反对内外敌人,争取民族独立和人民自由幸福,在历次斗争中牺牲的人民英雄们永垂不朽!"在新中国成立70周年的今天,再次诵读这段话,我们就会意识到,这改天换地的宏伟现实是人民创造的,人民当之无愧是时代的英雄,是历史的创造者。只有认识到人民的主体地位,才能感受到奔涌的时代浪潮下面深藏的不竭力量,才有可能从整体上把握一个时代,认识沸腾的现实。

认识人民创造历史的主体地位,是为了从理性和情感上把自己放到人民中间,是为了解决我是谁、我属于谁的问题。新文化运动以来,无论是经历革命与战争考验的现代作家,还是上世纪80年代那批经历了知青岁月的当代作家,他们内心其实都有一方情感根据地,都和某一片土地上的人民建立了非常深切的情感关系。这些作家是属于某个情感共同体的,这个共同体时刻提醒着他,他的生命和创作与这世界上更广大的人群休戚相关。一个普普通通的劳动者,或许并不是我们的读者,但这并不妨碍我们将他以及他所代表的广大人民作为我们认识现实、理解时代的依据。

以人民为中心,就是要坚持以精品奉献人民。在新的时代条件下,我国文化产品供给的主要矛盾已经不是缺不缺、够不够的问题,而是好不好、精不精的问题。诚然,娱乐和消费也是人民群众精神文化需要的一部分,但是,有责任感的艺术家会深深感到,我们就生活在那些为美好生活、为民族复兴而奋斗的人们中间,理应对我们的共同奋斗负有共同责任。我们有责任通过形象的塑造,凝聚精神上的认同。这种认同,是对国家和民族未来的认同,是新时代伟大历史进程的同频共振。作家和艺术家只有把自己看成人民的儿子,积极投身于人们争取美好未来的壮阔征程,才有能力创造出闪耀着明亮光芒的文艺,照亮和雕刻一个民族的灵魂。

(摘编自铁凝《照亮和雕刻民族的灵魂》)

(1) 下列关于原文内容的理解和分析,正确的一项是(　　)

A. 作家树立了与时代积极互动的理念,在创作实践中就能做到以人民为中心。

B. 对人民的情感认同,是新文化运动以来很多作家创作取得成功的重要原因。

C. 人民是认识现实、理解时代的依据,因为普通劳动者才是文艺最理想的读者。

D. 真正扎根时代、富有责任感的艺术家,无须考虑人民群众的娱乐和消费需求。

(2) 下列对原文论证的相关分析,不正确的一项是(　　)

A. 文章采用提出问题、分析问题的方式展开论证,在逻辑上也是逐层递进的。

B. 文章论证兼顾现实与历史,既有对当下创作的分析,也有对历史经验的总结。

C. 文章引用人民英雄纪念碑碑文内容,巧妙衔接了上下文,也有力支撑了论点。

D. 文章末段论证了正面人物的塑造是新时代文艺"以人民为中心"的根本体现。

(3) 根据原文内容,下列说法不正确的一项是(　　)

A. 对于那些认为现实走在小说家想象力前面的作家而言,困难在于如何把握生活的复杂结构和本质内容。

B. 对艺术家而言,日新月异的变革时代,既意味着巨大挑战,也能激发创作热情,促使他们投身沸腾的生活。

C．老舍曾说："不去与劳动人民结为莫逆的好友,是写不出结结实实的作品的。"这与文中情感共同体的理念是相通的。

D．我国当下文化产品供给的主要矛盾已经由量的问题转向质的问题,艺术家的创作也应少而精,凝聚共识。

答案　(1)B。A项,第2段"只有与身处的时代积极互动,……才会获得艺术创作的蓬勃生机",选项中"作家树立了与时代积极互动的理念,……就能做到以人民为中心"强加因果了;C项,第4段"一个普普通通的劳动者,或许并不是我们的读者",选项说"因为普通劳动者才是文艺最理想的读者"语义相反。D项,第5段"诚然,娱乐和消费也是人民群众精神文化需要的一部分",可见选项中"无须考虑"过于绝对了。

(2)D。第5段"我们有责任通过形象的塑造……",可见选项中"正面人物的塑造"缩小了语义的范围。

(3)D。第5段"以人民为中心,就是要坚持以精品奉献人民。在新的时代条件下,我国文化产品供给的主要矛盾已经不是缺不缺、够不够的问题,而是好不好、精不精的问题",从中推不出艺术家的创作原则问题。

一、教学要求对比

内容	新课标	旧课标	区别
关注对象	学习多角度观察社会生活，掌握当代社会常用的实用文本，善于学习并运用新的表达方式。	养成阅读新闻的习惯，关心国内外大事及社会生活，能迅速、准确地捕捉基本信息，就所涉及的事件和观点作出自己的评判。	文本形式不同：新课标中提出掌握当代社会常用的实用文本，尤其关注复杂的非连续性文本；旧课标中提出的实用文本形式集中于新闻、通讯和传记。
介绍表达	学习运用简明生动的语言，介绍比较复杂的事物，说明比较复杂的事理。	广泛搜集资料，根据表达需要和体裁要求，对资料进行核实、筛选、提炼，尝试新闻、通讯的写作。认识传记作品的基本特性。尝试人物传记的写作。	写作要求不同：新课标中提出的写作要求是运用简明生动的语言来表达，侧重于情境之中的交流，实用性较强，任务驱动明显；旧课标中提出的写作要求侧重于议论文表达，对新闻、通讯、传记的写作，也只是提出尝试的要求。
阅读对象	具体学习内容，可选择社会交往类的，如会谈、谈判、讨论及其纪要，活动策划书、计划、制度等常见文书，应聘面试的应对，面对大众的演讲、陈述和致辞；也可选择新闻传媒类的，如新闻、通讯、调查、访谈、述评，主持、电视演讲与讨论，网络新文体（包括比较复杂的非连续性文本）；还可选择知识性读物类的，如复杂的说明文、科普读物、社会科学类通俗读物等。	阅读新闻、通讯（包括特写、报告文学等）作品，了解其社会功用、体裁特点和构成要素，把握语言特色。阅读古今中外的人物传记、回忆录等作品，能把握基本事实，了解传主的人生轨迹，从中获得有益的人生启示，并形成有一定深度的思考和判断。	文本内容不同：新课标中提出要求阅读的实用文本往往聚焦那些介绍最新科技成果的科普作品或流行的社会科学通俗作品，以及社会交往类和新闻传媒类的材料内容；而旧课标中提出要阅读新闻、通讯和传记等作品。

二、对应题型示例

★ 新课标要求但旧课标不要求

■ 新课标要求掌握当代社会常用的实用文本,关注复杂的非连续性文本,文本内容往往是介绍最新科技成果的科普作品或流行的社会科学通俗作品,而旧课标没有明确要求。

例1 阅读下面的文字。

材料一：

武汉长江大桥的兴建,开辟了我国桥梁建设事业的新历史。中国工程人员数十年来在桥梁建设工程中作过许多努力,有过很多成绩,钱塘江铁桥就是中国工程人员自己设计的。可是,我们从来没有完全用自己的力量建设过一座规模巨大的铁路桥梁。五十年前的黄河铁桥是由比利时包工的,其后的钱塘江铁桥的主要结构部分也是由德国、英国、丹麦三个"洋行"分别承包的。这就不可能使我们系统地积累自己的桥梁建设经验,没有能组成自己的桥梁建设队伍,中国的桥梁建设事业也就长期停滞不前。武汉长江大桥的修建将改变我国桥梁建设事业的面貌。三年来,主持武汉长江大桥勘测设计工作的工程人员和地质人员,在人力、物力、财力上得到国家的大力支持,又得到苏联专家的无私援助,既考虑了最经济地建设桥梁,又考虑了航运等有关部门对利用长江的要求,选择了最合理的线路和桥式,完成了这个伟大工程的初步设计。同时武汉长江大桥的全部工程还将用自己的材料由我国自己的人力来建设,因此,这个工程也将是我国一座最好的桥梁建设学校,将为我国培养出一批桥梁建设人才。

(摘自社论《努力修好武汉长江大桥》,《人民日报》1954年2月6日)

材料二：

港珠澳大桥被英国《卫报》誉为"新世界七大奇迹"之一,对于这座目前世界上综合难度最大的跨海大桥而言,每项荣誉的背后,都是一组组沉甸甸数据的支撑。全长55公里,世界总体跨度最长的跨海大桥;海底隧道长5.6公里,世界上最长的海底公路沉管隧道;海底隧道最深处距海平面46米,世界上埋进海床最深的沉管隧道;对接海底隧道的每个沉管重约8万吨,世界最重的沉管;世界首创深插式钢圆筒快速成岛技术。截至通车前夕,港珠澳大桥共完成项目创新工法31项、创新软件13项、创新装备31项,创新产品3项,申请专利454项,7项创世界之最,整体设计和关键技术全部自主研发。在这一大国重器的背后,不光有千千万万建设者的汗水,更有不少为其提供强有力科技支撑的团队。如今,中国的桥梁和高铁一样,已经成为中国走向世界的一张名片。而随着这张名片一同递出的,是我们身为国人的自信心。

(摘编自王忠耀等《港珠澳大桥背后的科技支撑》,《光明日报》2018年10月24日)

材料三:

港珠澳大桥岛隧工程智能建造以信息化为基础,运用大数据、云计算及物联网等先进技术,创造具有感知储存能力、学习判断能力的智能设备、智能控制系统等,扩展、延伸工程建设者的感知能力、预测能力、控制能力及作业能力,将机器智能与人类智慧紧密结合,形成人机一体化智能建造系统,使工程建设更为安全。智能建造平台由感知层、网络层、数据层、应用支撑层及应用层组成。感知层是基础,借助卫星等多种技术手段,采集各类数据信息,类似人的眼睛等感官;网络层利用光纤通信网等技术,将感知层采集的各类数据信息传输至数据层,类似人体神经系统;数据层中存储着大量的数据信息资源,借助数据库、云存储等智能存储手段,实现信息资源的有效存储和共享;应用支撑层是运算中心,类似于大脑,实现数据融合,最终在应用层形成各种智能控制系统,辅助工程建设者进行决策。

(摘编自林鸣等《港珠澳大桥岛隧工程智能建造探索与实践》)

解析 该文本是2019年高考全国Ⅱ卷实用类阅读题的材料,材料主题是港珠澳大桥,主题具有代表性、时代性,充分反映当今我国科技水平的迅猛发展,展示我国综合国力的强大。文本的类型是介绍最新科技成果的科普作品。同时,文本的形式为网络新文体,即标准的非连续性文本,这种新的文本形式始于2017年高考,其自由灵活,也符合网络时代的阅读需求。总之,文本的两个特征均反映了新课标理念。

■ 新课标提出的写作要求侧重于情境之中的交流,任务驱动明显,而旧课标不要求。

例2 阅读下面的材料,根据要求写作。

"民生在勤,勤则不匮",劳动是财富的源泉,也是幸福的源泉。"夙兴夜寐,洒扫庭内",热爱劳动是中华民族的优秀传统,绵延至今。可是现实生活中,也有一些同学不理解劳动,不愿意劳动。有的说:"我们学习这么忙,劳动太占时间了!"有的说:"科技进步这么快,劳动的事,以后可以交给人工智能啊!"也有的说:"劳动这么苦,这么累,干吗非得自己干?花点钱让别人去做好了!"此外,我们身边也还有着一些不尊重劳动的现象。

这引起了人们的深思。

请结合材料内容,面向本校(统称"复兴中学")同学写一篇演讲稿,倡议大家"热爱劳动,从我做起",体现你的认识与思考,并提出希望与建议。要求:自拟标题,自选角度,确定立意;不要套作,不得抄袭;不得泄露个人信息;不少于800字。

解析 该作文题是 2019 年高考全国 I 卷作文题,题目特点鲜明,主题明朗,指向明显,是一道典型的任务驱动型作文题。该题有真实的写作情境、明确的写作任务,符合中学生的写作需求,写作的实用性也较强,此题与传统的议论性作文题有别。

■ 新课标要求关注社会交往类和新闻传媒类的材料内容,而旧课标不要求。

例 3 阅读三则材料(分别节选自老舍的《四世同堂》、郑振铎的《蛰居散记》和都德的《最后一课》,具体内容略),假如三则材料中的老师齐聚演播厅,你作为主持人对他们进行集体访谈。请列出访谈提纲。

解析 该题源于日常生活,与生活实际接近,题目要求为列访谈提纲,题目设计较为新颖,侧重于考查新时代学生的交际能力和信息处理能力。

☆ 旧课标要求但新课标不要求

■ 旧课标明确要求阅读传记类文本,而新课标没有明确要求。

例 4 阅读下面的文字,完成习题。

寻找属于自己的句子

1942 年夏,陈忠实出生在陕西农村,上中学时,陈忠实读赵树理的《三里湾》和柳青的《创业史》,得到滋养,萌发了文学梦。也许是好事多磨,1962 年高中毕业后,他未能如愿上大学读中文系。这个 20 岁的青年,常常一个人坐在家乡的灞河边,想着文学,想着寻找属于自己的句子。

三年之后,陈忠实的散文《夜过流沙沟》在 1965 年 3 月 8 日的《西安晚报》文艺副刊上发表,他的文学生涯由此正式开始。但直到 1979 年小说《信任》获得全国优秀短篇小说奖,他才确立了文学上的自信。他感觉自己不再是一个文学爱好者和业余作者了。是年 9 月 25 日,他加入中国作家协会。又一个三年之后,陈忠实 40 岁,他的第一个短篇小说集《乡村》出版,赢得"小柳青"的名声,工作单位也换成陕西省作家协会,他终于是一名专业作家了。

随着年岁的增长和时代的变化,陈忠实越来越觉得要从赵树理、柳青的文学中剥离出来。他将这个愿望写进了小说《蓝袍先生》中。小说写于 1985 年,一个认知作者的标志性年份。这年的最后 10 天,他随中国作家代表团出访泰国。第一次走出国门的陈忠实特意置办了一套质地不错的西装。当他第一次穿上西装打上领带站在穿衣镜前的时候,脑海里浮现出刚完成的小说的主人公蓝袍先生。蓝袍先生多年以来一直穿着蓝色长袍,受到同学讥笑以后才脱下蓝袍,换上"列宁装"。陈忠实认为那是摆脱封建残余桎梏、获得精神解放的象征。脱下穿了几十年的中山装、换上西装的那一刻,他切实意识到自己就是蓝袍先生。

1985年的泰国之行让陈忠实深受刺激,他联想起家乡人自嘲的称呼。相比那些见多识广的城市人,他们把自己称作"乡棒"。游逛在曼谷的超市大楼,看着五颜六色、各式各样的服装,作家觉得眼花缭乱。那一刻,他觉得不仅自己是"乡棒",教他观察服装的北京作家郑万隆也是"乡棒"。面对世界,1985年的中国人大都是"乡棒"。他痛感自己需要从什么地方剥离出来,将自己彻底打开,不仅要在生活上打开自己,更重要的是要在思想上打开自己。

在剥离的愿望中,陈忠实认识到必须写一部史诗般的长篇小说,才能在文学上确立自己。这时,各种新近阅读过的长篇小说萦绕心头,作家备感困惑,又备受启发。马尔克斯《百年孤独》的结构像网一样迷幻,王蒙《活动变人形》的结构自然随意,却俨然大手笔,张炜《古船》的结构完全不同,有一种精心设计的刻意……而结构背后似乎还有更深的东西。陈忠实最终发现,不是作家先别出心裁弄出一个新颖骇俗的结构来,而是先要有对人物的深刻体验。寻找到能够充分描写人物独特的生活和生命体验的恰当途径,结构方式自然就出现了。恰巧此时兴起的"文化心理结构"学说给了他决定性的影响。他相信,人的心理结构主要是由理念支撑的,而结构一旦形成,就会决定一个人的思想、道德和行为,决定一个人性格的内核。如果心理结构受到社会冲击,人就将遭遇深层的痛苦,乃至毁灭。陈忠实感到自己终于从侍奉多年的"典型性格"说中剥离出来,仿佛悟得天机,茅塞顿开。多年以后,作家回忆往事,认为自己就是在1985年开始重建自我,争取实现对生活的独特发现和独立表述的。

陈忠实后来寻找到了什么是人所共知的,1992年开始在《当代》杂志连载的长篇小说《白鹿原》已经成为我们的文学经典,他在中国当代文坛的位置也随之奠定。此后,功名成就的作家继续在文学的园地里辛勤耕耘,寻找属于自己的句子。

2016年春天,陈忠实走了,属于陈忠实的句子永留人间。

(摘编自陈忠实《寻找属于自己的句子》、李清霞《陈忠实年表》等)

相关链接

①陈忠实的《白鹿原》是上世纪90年代中国长篇小说创作的重要收获之一,能够反映那一时期小说艺术所达到的最高水平。把这部作品放在整个20世纪中国文学的大格局里考量,无论就其思想容量还是就其审美境界而言,都有其独特的、无可取代的地位。即使与当代世界小说创作中的那些著名作品

比,《白鹿原》也应该说是独树一帜的。(何西来《关于〈白鹿原〉及其评论》)

② 陈忠实常讲,创作到了一定阶段,不一定是拼生活,拼艺术,而是拼人格。好一个拼人格!这正是作家自身博大的人格魅力的反映。这就不难理解他最终被公认为描摹巨大民族悲剧的圣手,成为当代中国文学的大家之一。(李满星《陈忠实:回首六十五载风雨人生》)

解析 该文本来自 2016 年高考全国Ⅰ卷试题。文本性质属于传记,旧课标明确提出要求阅读的实用类文本是新闻和传记两类,本题考查名人传记的阅读,符合旧课标的要求。

✪ **新课标和旧课标都要求但要求不同**

■ 新课标和旧课标都要求注重文本的概念、判断、推理,但新课标直接考查核心概念的理解,并常出现在实用类文本阅读中,而旧课标间接考查核心概念的理解,往往出现在论述类文本阅读中。

例5 阅读下面的文字,完成习题。

可移动文化遗产的保护是指运用各种方法延长可移动文化遗产寿命的专业性活动。保护技术推进的核心是找到与遗产变化状况相适应的保护方法,以便及时对藏品进行预警、干预,使藏品保持健康的状态。在此过程中,预防、治理、修复三个方面的技术运用起着至关重要的作用。预防是所有的减缓文化遗产恶化和损毁的行为的总称,它涉及光照度、环境条件、安全、防火和突发事件的准备等方面。治理是通过外界的干预直接作用于可移动文化遗产的保护行为,是为了消除正在损毁遗产的外界因素,从而使遗产恢复到健康的状态。根据可移动文化遗产遭受"病痛"情形的差异,治理技术可以分为杀虫、去酸、脱水和清洁等类型。修复是对已经发生变形或变性的遗产进行处理,使之恢复到原有的形态或性质。修复的内容大致分为两个方面:一是清除文物和标本上的一切附着物;二是修补文物和标本的残缺部分。

(摘编自周耀林《可移动文化遗产保护策略研究》)

下列不属于可移动文化遗产"修复"工作的一项是(　　)

A. 使用真空干燥法对受潮的古代文献进行处理。

B. 使用盐酸、硝酸等化学试剂给青铜器除锈。

C. 使用纸浆补书机对破损的古籍进行修补。

D. 使用树脂黏合剂粘接破碎的古代瓷器。

解析 本题是 2019 年高考全国Ⅰ卷实用类文本阅读题,考查学生理解文中重要概念的能力,难度不大,不过以前的高考试题没有像这样直接考查概念的理解,此类题应该引起高度关注。

　　答案　A。A项中"使用真空干燥法对受潮的古代文献进行处理"张冠李戴,结合原文"治理技术可以分为杀虫、去酸、脱水和清洁等类型",可知"使用真空干燥法对受潮的古代文献进行处理"是脱水,属于治理方面的技术。

一、教学要求对比

内容	新课标	旧课标	区别
精读对象	选择中国文化史上不同时期、不同类型的一些代表性作品进行精读,体会其精神内涵、审美追求和文化价值。	要求学生精读一定数量的优秀古代散文和诗词曲作品。	新课标对精读作品在时期、类型、典型性方面提出了明确的要求,作品的范围更广。
阅读态度	在特定的社会文化场景中考察传统文化经典作品,以客观、科学、礼敬的态度,认识作品对中国文化发展的贡献。	考察学生能否了解文化背景,感受中国文化精神,用历史眼光和现代观念审视作品的内容和思想倾向。	新课标强调"客观、科学、礼敬"的阅读态度,旧课标强调"用历史眼光和现代观念"审视作品的态度,新课标要求的阅读态度更全面、深刻和深怀敬意。
文言知识点	梳理所学作品中常见的文言实词、虚词、特殊句式和文化常识,注意古今语言的异同。	了解并梳理常见的文言实词、文言虚词、文言句式的意义或用法,注重在阅读实践中举一反三。文言常识的教学要少而精。	由"了解并梳理"到"梳理",由"注重在阅读实践中举一反三"到"注意古今语言的异同",新课标降低了学习要求。
成果展现	阅读作品应写出内容提要和阅读感受。选择一部(篇)作品,从一个或多个角度讨论分析,撰写评论。	学习从历史发展的角度理解古代文学的内容价值,从中汲取民族智慧;用现代观念审视作品,评价其积极意义与历史局限。	新课标更强调对内容的把握和阅读感受的表达,在理性的评论分析方面,新旧课标的要求有着相同的地方。
能力延伸	学习传统文化经典作品的表达艺术,提高自己的写作水平。	具有良好的现代汉语语感,努力提高对古诗文语言的感受力。重在提高学生阅读古诗文的能力。	新课标突出语文核心素养中的"语言建构与运用",突出了"学"以后的"致用",以提升学生的写作水平;旧课标更侧重于古诗文本身阅读能力的提升。

二、对应题型示例

阅读材料：

（一）

　　贾生名谊洛阳人也年十八以能诵诗属书闻于郡中吴廷尉为河南守闻其秀才召置门下甚幸爱孝文皇帝初立，闻河南守吴公治平为天下第一，故与李斯同邑而常学事焉，乃征为廷尉。廷尉乃言贾生年少，颇通诸子百家之书。文帝召以为博士。是时贾生年二十余，最为少。每诏令议下，诸老先生不能言，贾生尽为之对，人人各如其意所欲出。诸生于是乃以为能不及也。孝文帝说之，超迁，一岁中至太中大夫。贾生以为汉兴至孝文二十余年，天下和洽，而固当改正朔，易服色，法制度，定官名，兴礼乐，乃悉草具其事仪法，色尚黄，数用五，为官名，悉更秦之法。孝文帝初即位，谦让未遑也。诸律令所更定，及列侯悉就国，其说皆自贾生发之。于是天子议以为贾生任公卿之位。绛、灌、东阳侯、冯敬之属尽害之，乃短贾生曰："洛阳之人，年少初学，专欲擅权，纷乱诸事。"于是天子后亦疏之，不用其议，乃以贾生为长沙王太傅。贾生既辞往行，及渡湘水，为赋以吊屈原。为长沙王太傅三年。后岁余，贾生征见。孝文帝方受釐，坐宣室。上因感鬼神事，而问鬼神之本。贾生因具道所以然之状。至夜半，文帝前席。既罢，曰："吾久不见贾生，自以为过之，今不及也。"居顷之，拜贾生为梁怀王太傅。梁怀王，文帝之少子，爱，而好书，故令贾生傅之。文帝复封淮南厉王子四人皆为列侯。贾生谏，以为患之兴自此起矣。贾生数上疏，言诸侯或连数郡，非古之制，可稍削之。文帝不听。居数年，怀王骑，堕马而死，无后。贾生自伤为傅无状，哭泣岁余，亦死。

（节选自《史记·屈原贾生列传》）

（二）

　　太史公曰：余读《离骚》《天问》《招魂》《哀郢》，悲其志。适长沙，观屈原所自沉渊，未尝不垂涕，想见其为人。及见贾生吊之，又怪屈原以彼其材，游诸侯，何国不容？而自令若是。读《鵩鸟赋》，同死生，轻去就，又爽然自失矣。

（节选自《史记·屈原贾生列传》）

（三）

贾生

[唐]李商隐

宣室求贤访逐臣，贾生才调更无伦。

可怜夜半虚前席，不问苍生问鬼神。

★　新课标要求但旧课标不要求

■　由旧课标的"精读作品"到新课标的"体会其精神内涵、审美追求和文化价值"，新课标提出了更高的要求。

　　例1　屈原和贾生处在不同的历史时期，请结合所学知识，分析司马迁为什么把贾生和屈原编录在同一篇列传中。

　　解析　本题设计探析司马迁把贾生和屈原编录在同一列传中的目的和缘由，呼应核心素养中的"思维发展与提升"这一能力要求，通过探析此问题，引导学生体会作品的精神内涵、审美追求和文化价值，探究作品中更深层次的要素，以提高作品鉴赏的层次。

　　答案　《屈原贾生列传》是屈原、贾谊两个人的传记，他们虽然不是同时代人，但是二人的遭遇有不少共同之处。他们都才高气盛，又都因忠被贬，在政治上都不得志，在文学上又都成就卓著。所以，司马迁才把他们同列于一篇传记。而司马迁自己也同样是才高气盛，因忠而遭受不幸，所以他在写屈原、贾谊的同时，也是在写他自己，借古人发今情。

■　新课标突出了认识作品对中国文化发展的贡献，观照的角度更高。

　　例2　《史记》是"二十四史"之首，借助你阅读"二十四史"中其他传记文章的经验，谈谈《史记》对后世文言传记在写作上的影响。

　　解析　本题设计着眼于"认识作品对中国文化发展的贡献"，呼应核心素养中的"文化传承与理解"这一能力要求，引导学生思考《史记》的文学价值和影响，同时通过引导学生借助阅读"二十四史"中其他传记文章的经验，帮助学生从宏观上纵览中国古代史传文学的特点，拓宽学生的知识视野，提升学生的思维层次。

　　答案　①《史记》是我国纪传体史学的奠基之作，同时也是我国传记文学的开端。中国古代史传文学在先秦时期就已经初具规模，记言为《尚书》，记事为《春秋》，其后又有编年体的《左传》和国别体的《国语》《战国策》。但是，以人物为中心的纪传体史学著作，却是司马迁的首创。《史记》的出现，标志着中国古代史传文学的发展已经达到相当高的水平。

　　②《史记》是传记文学的典范，它的写作技巧、文章风格、语言特点，令后代散文家以之为宗。唐宋古文八大家、明代前后七子、清代的桐城派等，都对《史记》推崇备至，他们的文章深受司马迁的影响。《史记》在语言上平易简洁而又富有表现力，把许多诘屈聱牙的古书词句译成汉代书面语，还适当地引用口语、

谚语,显得生动鲜活。《史记》语言多是单行奇字,不刻意追求对仗工稳,亦不避讳重复用字,形式自由,不拘一格。历史上的古文家都标举《史记》,把它视为古文的典范。

③ 司马迁作为伟大的历史学家和文学家,在《史记》一书中大力弘扬人文精神,为后代作家树立起一面光辉的旗帜。《史记》所渗透的人文精神是多方面的,主要有:以立德、立功、立言为宗旨以求青史留名的积极入世精神,忍辱含垢、历尽艰辛而百折不挠、自强不息的进取精神,舍生取义、赴汤蹈火的勇于牺牲的精神,批判暴政酷刑、呼唤世间真情的人道主义精神,立志高远、义不受辱的人格自尊精神。后世的传记作品很多都继承了《史记》对人文精神的弘扬这一传统。

■ 新课标更强调对内容的把握和阅读感受的表达,同时强调理性的评论分析,对学习提出了更高的要求。

例3 "贾生才调更无伦",但贾谊却遭遇"自伤为傅无状,哭泣岁余,亦死"的人生悲剧,请你分析其中的原因。

解析 本题题干设计安排了一组矛盾,即贾生的"怀才"和"不遇",要求学生对文章内容有良好的把握,对矛盾有理性的分析,呼应了核心素养中的"思维发展与提升"的层级要求。

答案 贾谊生逢明主,富有才学和远大抱负,却郁郁而终。他的人生悲剧从表面观之,是遭谗言所伤,不为上所用,终至怀才不遇。但是,在客观原因之外,更深入地分析,其自身的内在原因才是其悲剧的必然。

① 贾谊在一年多的时间里迁至太中大夫,这种迅速的升迁使他产生了自我认知的错觉,他在众多的文章里针砭现实,提出改正朔、易服色、法制度、定官名、兴礼乐等改革举措,措施凌厉,多有年少得志、急于求成之感。

② 贾谊不善于利用自身才能,缺乏审时度势的机遇观,不懂得在最恰当的时机抓住机遇,完成自己的政治理想。

③ 贾谊应对困难的能力不足,稍受挫折便不堪一击,他缺乏实际经验,需要历练才可以真正成熟。

■ 新课标突出语文核心素养中的"语言建构与运用"这一目标,突出了"学"以后的"致用",以提升学生的写作水平。

例4 (1)给贾谊写一段评语,在其中运用"文才、叹息、逆境、审视、终无大用"等词语,不超过150字。

(2)下面是一副关于贾谊的对联,请根据上联补写下联。

上联：长沙不久留才子

下联：_____

——杨瀚题长沙贾谊故宅太傅殿大门

注：杨瀚（1812—1879），字海琴，号息柯，顺天宛平（今北京）人。道光二十五年（1845）进士，官湖南辰沅永靖道。工书画，好金石文字，又长于鉴赏。

解析 本题设计的目的是引导学生充分理解材料内容，在此基础上进行"语言建构与运用"，以实现学以致用，在写作水平上获得提升。

答案 （1）气势磅礴、文笔犀利的《过秦论》彰显了贾谊旷世的文才；生逢明主，时遇治世，却自伤忧愤而终，实令人扼腕叹息。贾谊年少得志，仕途通达，却高估自己的实力，不能善用其才；急于求成而触犯众多老臣利益，被远放长沙之时未能于逆境中自我修炼与成熟。贾谊之终无大用，非无圣主，乃其己之过也，过在不能理性审视自己与处理人生逆境。

（2）下联：宣室求贤访逐臣。（宣室：汉代未央宫前殿正室，此处指皇帝。逐臣：被贬谪的臣子。）

例5 贾谊因为梁怀王堕马致死而非常伤心，认为自己作为太傅没有尽到责任，终日哭泣自责。面对贾谊的人生遭际，请你以挚友的身份给他写一段慰藉和勉励的文字（不超过150字）。

解析 本题的设计体现了对语文核心素养的全面要求，既有"写一段慰藉和勉励的文字"的"语言建构与运用"，又有从读者上升到挚友身份思考的"思维发展与提升"，再有感受贾生凄美人生的"审美鉴赏与创造"，还有从先贤的人生中获得感悟的"文化传承与理解"。

答案 贾兄，近闻兄为怀王之事而伤感自叹。你的痛苦我感同身受，人有旦夕祸福，怀王之死属意外之事；兄虽然作为其师，但责不在你，你应对此释怀，重新振作以告慰怀王。当世君主乃明君，你我等皆时遇盛世，理应有一番作为；且兄有大才，自长沙重回长安后，重得君主赏识，施展才能之时指日可待，愿兄如大鹏乘此势而起，立业建功。

☆ 旧课标要求但新课标不要求

■ 由旧课标的"了解并梳理常见的文言实词、文言虚词、文言句式的意义或用法"到新课标的"梳理所学作品中常见的文言实词、虚词、特殊句式和文化常识"，由"注重在阅读实践中举一反三"到"注意古今语言的异同"，新课标降低了要求。

例6 下列对文中加点词的解释，不正确的一项是（　　）

A. 孝文帝说之，超迁　　　　说：通"悦"，喜爱，欣赏

B. 而固当改正朔　　　　　　固：本来

C. 居顷之，拜贾生为梁怀王太傅　居：居住

D. 适长沙，观屈原所自沉渊　适：到……去

解析　本题的设计着眼于"了解并梳理常见的文言实词、文言虚词、文言句式的意义或用法"，"注重在阅读实践中举一反三"。

答案　C。"居"在时间词前，表示过了多久时间的意思，所以此处的"居"应解释为"过了"。

例7　下列对文中画波浪线部分的断句，正确的一项是(　　)

A. 贾生名谊/洛阳人也/年十八/以能诵诗属书闻于郡中吴廷尉/为河南守/闻其秀才/召置门下/甚幸爱/

B. 贾生名谊/洛阳人也/年十八/以能诵诗属书闻于郡中/吴廷尉为河南守/闻其秀才/召置/门下甚幸爱/

C. 贾生名谊/洛阳人也/年十八/以能诵诗属书闻于郡中/吴廷尉为河南守/闻其秀才/召置门下/甚幸爱/

D. 贾生名谊/洛阳人也/年十八/以能诵诗属书闻/于郡中吴廷尉为河南守/闻其秀才/召置门下/甚幸爱/

解析　本题的设计着眼于"了解并梳理常见的文言句式"。

答案　C。"贾生名谊/洛阳人也"属于判断句式，"(贾生)年十八"属于主谓搭配，"(贾生)以能诵诗属书闻于郡中"属于主谓搭配，"吴廷尉为河南守"属于以"吴廷尉"为新主语的主谓结构，"(吴廷尉)闻其秀才"属于主谓搭配，"(吴廷尉)召(贾生)置(于)门下"为主谓搭配，"(吴廷尉)甚幸爱(之)"为主谓搭配。

例8　下列对文中加点词语相关内容的解说，不正确的一项是(　　)

A. 诸子百家是先秦至汉初学术派别的总称，其中又以道、法、农三家影响最深远。

B. 诏令作为古代的文体名称，是以皇帝的名义所发布的各种命令、文告的总称。

C. 礼乐指礼制和音乐，古代帝王常常用兴礼乐作为手段，以维护社会秩序的稳定。

D. 就国，是指受到君主分封并获得领地后，受封者前往领地居住并进行统治管理。

解析　本题考查古代文化常识。

答案　A。在先秦诸子百家中，对后世影响最深远的应是儒家、道家、法家。

■ 旧课标要求理解词句含义,读懂文章内容。

例9 下列对原文有关内容的概括和分析,不正确的一项是(　　)

A. 贾谊初入仕途,展现非凡才能。他受到廷尉推荐而入仕,当时年仅二十余岁,却让诸生自觉不如,不久得到文帝越级提拔,一年之间就当上太中大夫。

B. 贾谊热心政事,遭到权要忌恨。他认为汉朝建立二十余年,政通人和,应当全盘改变秦朝法令,因此触及权贵利益,受到诋毁,文帝后来也疏远了他。

C. 贾谊答复询问,重新得到重用。文帝询问鬼神之事,对贾谊的回答很满意,于是任命他为自己钟爱的小儿子梁怀王的太傅,又表示自己也比不上贾谊。

D. 贾谊劝止封侯,文帝未予采纳。文帝封淮南厉王四个儿子为侯,贾谊认为祸患将自此兴起;数年之后,梁怀王堕马死,贾谊觉得未能尽责,悲泣而死。

解析 本题的设计呼应"理解词句含义,读懂文章内容"的要求。

答案 C。"又表示自己也比不上贾谊"在时间的顺序上错误,据原文"上因感鬼神事,而问鬼神之本。贾生因具道所以然之状。至夜半,文帝前席。既罢,曰:'吾久不见贾生,自以为过之,今不及也。'居顷之,拜贾生为梁怀王太傅。"可见"文帝表示自己也比不上贾谊"是发生在任命贾谊为梁怀王太傅之前。

■ 旧课标要求学习古代诗词格律基础知识。

例10 从体裁来看,李商隐的《贾生》属于_____诗。

解析 本题的设计呼应"学习古代诗词格律基础知识"的要求,从诗词体裁角度进行考查。

答案 七言绝句。

✵ *新课标和旧课标都要求但要求不同*

■ 新课标要求选择中国文化史上不同时期、不同类型的一些代表性作品进行精读,旧课标要求精读一定数量的优秀古代散文和诗词曲作品,新课标在精读的对象上,从时期、类型、典型性方面作了指导要求。

新课标要求梳理所学作品中常见的文言实词、虚词、特殊句式和文化常识,注意古今语言的异同。

例11 在括号中写出下列各项加点词在文中的意义。

A. 孝文帝说之,超迁　　　　　　　(　　　　　)

B．而固当改正朔 （ ）

C．居顷之，拜贾生为梁怀王太傅 （ ）

D．适长沙，观屈原所自沉渊 （ ）

解析 本题的设计着眼于"梳理作品中常见的文言实词"，对于古今意义容易出现混淆的实词进行考查。

答案 A．通"悦"，喜爱，欣赏 B．本来 C．过了 D．到……去

■ 旧课标要求"了解并梳理常见的文言实词、文言虚词、文言句式的意义或用法，注重在阅读实践中举一反三"。

例 12 下列句式和例句相同的一项是（ ）

例句：贾生名谊，洛阳人

A．廷尉乃言贾生年少

B．绛、灌、东阳侯、冯敬之属尽害之

C．梁怀王，文帝之少子

D．文帝复封淮南厉王子四人皆为列侯

解析 本题在文言句式上设置考查点，以选择题辨别的形式落实"注重在阅读实践中举一反三"的要求。

答案 C。例句属于判断句，C项同样属于判断句。

学习任务群 9　　中国革命传统作品研习

一、教学要求对比

内容	新课标	旧课标	区别
名作诗篇和优秀文学作品	诵读革命先辈的名篇诗作,体会崇高的革命情怀。精读反映革命传统的优秀文学作品,特别注意选择反映党领导人民进行革命、建设、改革伟大历程的作品,感受作品中革命志士和英雄人物的艺术形象,弄清作品的时代背景,把握作品的内涵,理解作者的创作意图,获得审美体验。结合自己的生活经验和阅读写作经历,发挥想象,加深对作品的理解,力求有自己的独到认识。	选读经典名著和其他优秀读物,与文本展开对话。通过阅读和思考,领悟其丰富内涵,探讨人生价值和时代精神,以利于逐步形成自己的思想、行为准则,树立积极向上的人生理想,增强为民族振兴而努力的使命感和社会责任感。	在作品对象上,新课标具体明确了研习作品对象:革命先辈的名篇诗作和反映革命传统的优秀作品,体现了本学习任务群的专题性;旧课标选读作品的范围较宽泛,因而在学习目标上两者呈现出专题学习和广泛学习的区别。
论文和杂文	阅读阐发革命精神的优秀论文与杂文,特别注意选择具有理论高度和引领作用的论著,分析其中论证的逻辑性和深刻性,体会革命理论著作严密逻辑和崇高精神有机结合的特点,提高理性思维水平。	能阅读理论类、实用类、文学类等多种文本。根据不同的阅读目的,针对不同的阅读材料,灵活运用精读、略读、浏览、速读等阅读方法,提高阅读效率。	旧课标要求能阅读"理论类文本",从一个大的范畴指向了阅读作品带理论性的特点,新课标明确指向"阅读阐发革命精神的优秀论文与杂文",突出革命精神在议论文本中的阐发。

续　表

内容	新课标	旧课标	区别
新闻、通讯、报告、演讲、访谈、述评	阅读关于革命传统的新闻、通讯、报告、演讲、访谈、述评等实用性文体的优秀作品，联系思想实际和亲身见闻，以正确的价值观，深入理解其内容，学习其写作手法。	高中语文选修课程设计五个系列：诗歌与散文、小说与戏剧、新闻与传记、语言文字应用、文化论著选读与专题研讨。	新课标明确阅读的实用文本是关于革命传统；旧课标的相关学习内容根据作品体裁划分设计，体现革命传统的作品分散在各类体裁中。

二、对应题型示例

★　新课标要求但旧课标不要求

■　新课标明确了研习的方式——精读，更着眼于从作品本身的角度获得对作品的鉴赏解读和审美体验，以获得个性化的独到认识。

例1　阅读下面的小说，完成习题。

赵一曼女士

阿成

伪满时期的哈尔滨市立医院，如今仍是医院。后来得知赵一曼女士曾在这里住过院，我便翻阅了她的一些资料。

赵一曼女士，是一个略显瘦秀且成熟的女性。在她身上弥漫着拔俗的文人气质和职业军人的冷峻，在任何地方，你都能看出她有别于他人的风度。

赵一曼女士率领的抗联活动在小兴安岭的崇山峻岭中，那儿能够听到来自坡镇的钟声。冬夜里，钟声会传得很远很远。钟声里，抗联的兵士在森林里烤火，烤野味儿，或者唱着"火烤胸前暖，风吹背后寒……战士们哟"……这些都给躺在病床上的赵一曼女士留下清晰回忆。

赵一曼女士单独一间病房，由警察昼夜看守。

白色的小柜上有一个玻璃花瓶，里面插着丁香花。赵一曼女士喜欢丁香花，这束丁香花，是女护士韩勇义折来摆放在那里的。听说，丁香花现在已经成为这座城市的"市花"了。

她是在山区中了日军的子弹后被捕的，滨江省警务厅的大野泰治对赵一曼女士进行了严刑拷问，始终没有得到有价值的回答，他觉得很没面子。

大野泰治在向上司呈送的审讯报告上写道：

赵一曼是中国共产党珠河县委委员，在该党工作上有与赵尚志同等的权力。她是北满共产党的重要干部，通过对此人的严厉审讯，有可能澄清中共与苏联的关系。

1936 年初，赵一曼女士以假名"王氏"被送到医院监禁治疗。

《滨江省警务厅关于赵一曼的情况》扼要地介绍了赵一曼女士从市立医院逃走和被害的情况。

赵一曼女士是在 6 月 28 日逃走的，夜里，看守董宪勋在他叔叔的协助下，将赵一曼抬出医院的后门，一辆雇好的出租车已等在那里。几个人上了车，车立刻就开走了。出租车开到文庙屠宰场的后面，韩勇义早就等候在那里，扶着赵一曼女士上了雇好的轿子，大家立刻向宾县方向逃去。

赵一曼女士住院期间，发现警士董宪勋似乎可以争取。经过一段时间的观察、分析，她觉得有把握去试一试。

她躺在病床上，和蔼地问董警士："董先生，您一个月的薪俸是多少？"

董警士显得有些忸怩："十多块钱吧……"

赵一曼女士遗憾地笑了，说："真没有想到，薪俸会这样少。"

董警士更加忸怩了。

赵一曼女士神情端庄地说："七尺男儿，为着区区十几块钱，甘为日本人役使，不是太愚蠢了吗？"

董警士无法再正视这位成熟女性的眼睛了，只是哆哆嗦嗦给自己点了一颗烟。

此后，赵一曼女士经常与董警士聊抗联的战斗和生活，聊小兴安岭的风光，飞鸟走兽。她用通俗的、有吸引力的小说体记述日军侵略东北的罪行，写在包药的纸上。董警士对这些纸片很有兴趣，以为这是赵一曼女士记述的一些资料，并不知道是专门写给他看的。看了这些记述，董警士非常向往"山区生活"，愿意救赵一曼女士出去，和她一道上山。

赵一曼女士对董警士的争取，共用了 20 天时间。

对女护士韩勇义，赵一曼女士采取的则是"女人对女人"的攻心术。

半年多的相处，使韩勇义对赵一曼女士十分信赖。她讲述了自己幼年丧母、恋爱不幸、工作受欺负，等等。赵一曼女士向她讲述自己和其他女战士在抗日队伍中的生活，有趣的、欢乐的生活。语调是深情的、甜蜜的。

韩护士真诚地问："如果中国实现了共产主义，我应当是什么样的地位呢？"

赵一曼女士说："你到了山区，一切都能明白了。"

南岗警察署在赵一曼女士逃走后，马上开车去追。

追到阿什河以东 20 多公里的地方，发现了赵一曼、韩勇义、董宪勋及他的叔父,将他们逮捕。

赵一曼女士淡淡地笑了。

赵一曼女士是在珠河县被日本宪兵枪杀的。

那个地方我去过,有一座纪念碑。环境十分幽静,周围种植着一些松树。

我去的时候,在那里遇到一位年迈的老人,他指着石碑说,赵一曼? 我说,对,赵一曼。

赵一曼被枪杀前,写了一份遗书:

宁儿:

母亲对于你没有能尽到教育的责任,实在是遗憾的事情。

母亲因为坚决地做了反满抗日的斗争,今天已经到了牺牲的前夕了。

母亲和你在生前是永久没有再见的机会了。希望你,宁儿啊! 赶快成人,来安慰你地下的母亲! 我最亲爱的孩子啊! 母亲不用千言万语来教育你,就用实行来教育你。

在你长大成人之后,希望不要忘记你的母亲是为国而牺牲的!

一九三六年八月二日

（有删改）

(1) 小说中历史与现实交织穿插,这种叙述方式有哪些好处? 请结合作品简要分析。

(2) 小说中说赵一曼“身上弥漫着拔俗的文人气质和职业军人的冷峻”,请结合作品简要分析。

解析 本例中两道题的设计紧紧围绕作品文本,从读者对作品的鉴赏解读出发,体现读者个性化的阅读思考。解答这两道题,需要考生拥有分析综合、鉴赏评价、探究等能力,在读文章时要有意识地概括故事情节、鉴赏人物形象、把握小说的表达技巧和语言风格等。阅读时,鼓励学生对作品表现出来的价值判断和审美取向作出评价,从不同角度和层面发掘作品的丰富意蕴,探讨作品中蕴含的民族心理和人文精神,让学生从作品本身的角度获得对作品的鉴赏解读和审美体验,以获得个性化的独到认识,着眼于核心素养中的“审美鉴赏与创造”。

答案 (1)

① 既能表现当代人对赵一曼女士的尊敬之情,又能表现赵一曼精神的当下意义,使主题内蕴更深刻;

② 可以拉开时间距离,更加全面地认识英雄,使人物形象更加立体;

③ 灵活使用文献档案,与小说叙述相互印证,使艺术描写更真实。

(2)

① 文人的气质:喜欢丁香花,情趣不俗;时常深情、甜蜜地回忆战斗生活,文雅浪漫;用大义与真情感化青年,智慧过人;

②军人的冷峻：遭严刑拷打而不屈服，意志坚定；笑对即将到来的死亡，从容淡定；充满母爱又不忘大义，理智沉稳。

■ 新课标关注了具有议论性质的文体，要求从文章论证的逻辑性和深刻性，以及严密逻辑和崇高精神的有机结合等角度进行研读。

例2　阅读下面的文章，完成习题。

老一辈革命家诗词中的革命精神

韩晓青

"诗言志，歌咏言。"在血与火的革命战争年代，老一辈革命家用生命书写的诗词，给我们留下了宝贵的精神财富。诗词中展现出来的坚定信仰，舍生取义、视死如归的精神，革命乐观主义精神，勇于担当的精神，铸就了革命文化的底蕴，丰富了革命文化的内涵，是激励党和人民在建设中国特色社会主义道路上奋勇前进的精神动力。

坚定的马克思主义信仰

中国共产党建党之初不过是一个只有50多人的小党，但是经过90多年的发展壮大，如今已经成为一个有着8 900多万党员、在全国范围内长期执政的大党，究其原因有很多，但最根本的一条是因为中国共产党人有着坚定的信仰。

在艰苦的革命战争年代，面对敌人的严刑拷打、威逼利诱，甚至死亡的威胁，无数革命者始终坚守着心中的信仰。夏明翰烈士在就义前写下了"砍头不要紧，只要主义真。杀了夏明翰，还有后来人"的诗句。方志敏面对敌人死亡的威胁，在狱中写下了这样的诗句："敌人只能砍下我们的头颅，决不能动摇我们的信仰！因为我们信仰的主义，乃是宇宙的真理！为着共产主义牺牲，为着苏维埃流血，那是我们十分情愿的啊！"字里行间充溢着自己为信仰而死的坚定决心。

1964年8月，陈毅元帅已经63岁了，在生日当天他写下了一首抒怀诗，回顾总结自己参加革命以来的历程，最后用"马列最伟大，世界正归心"作为结句，来表明自己信仰、遵循马列主义的一生。还有罗荣桓元帅。1963年9月，他因病再次住进了北京医院，本想写首诗留给自己的子女，但已力不从心，就口述了这首《告子女》："我给你们留下的，只是党的事业，别的什么都没有。我的遗嘱是一句话：永远跟着共产党走。"不仅体现了他对党的事业的无限忠诚，也体现了对信仰的执着坚守。

舍生取义、视死如归的精神

在革命战争年代，共产党人随时都面临着生与死的考验。在生死关头，他们留下了许多大义凛然、置生死于度外的诗句。

1922年3月，周恩来得知战友黄爱被敌人杀害，写下了《生别死离》的诗：“壮烈的死，苟且的生。贪生怕死，何如重死轻生！”寥寥数句，直接向人们提出了如何对待生与死的问题。这首诗虽然是为纪念战友而作，但也表明了自己在生死面前的价值取向：“贪生怕死”怎么能与“重死轻生”相比！

还有许多革命烈士在狱中留下了就义诗，或者叫做绝命诗、绝笔诗。杨超写下：“满天风雪满天愁，革命何须怕断头？”王达强写下：“一心只爱共产党，哪管他人道短长？我一歌兮歌声扬，碧血千秋叶芬芳。”邓雅声写下：“平生从不受人怜，岂肯低头狱吏前！饮弹从容向天笑，永留浩气在人间！”罗亦农写下：“慷慨登车去，相期一节全。残躯何足惜，大敌正当前。”与这些颇有文采的诗句相比，还有一些革命者留下的诗句，是在接受敌人审讯时和敌人对答的记录，或者临刑前脱口而出的话语。刘继哲在陕西西乡监狱面对敌人的严刑拷打，欣然道：“你问啥，我不讲，你动刑，我不降，你要杀头我昂头，甘将热血献八荒！”富有文采的华章与朴素平实的语言，这两者在表达形式上是有所区别的，但是两者所表现出来的舍生取义、视死如归的精神是高度一致的。这些诗词真切地表达了老一辈革命者面对生死抉择时内心的真实想法和价值取向，是革命精神的重要体现。

革命乐观主义精神

在中国革命和建设的过程中，遇到了无数难以想象的困难和险阻，在这些困难险阻面前，老一辈革命家展现出了无惧无畏的革命乐观主义精神。

李大钊是中共主要创始人之一。1918年12月，那时候虽然中国共产党尚未成立，但是在李大钊看来，共产主义将来一定会胜利。他写下：“人道的警钟响了！自由的曙光现了！试看将来的环球，必是赤旗的世界！”充满着革命必胜的乐观主义精神。1927年4月，李大钊不幸被奉系军阀张作霖逮捕。在狱中，李大钊坚贞不屈，最后被处以绞刑。在绞刑架面前，李大钊作了最后一次演讲，宣扬共产主义必胜的真理，之后从容就义。

毛泽东的一生，给后人留下了许多诗词，诗词中也充分体现了他的革命乐观主义精神。比如他作于1929年10月的《采桑子·重阳》。当时，红四军内部充斥着各种非无产阶级思想，影响了红军队伍的发展壮大。这年6月，毛泽东主持召开红四军第七次党代表大会，本来是要解决这个问题的，但是由于种种复杂的原因，选举前委书记的时候，毛泽东却落选了。之后，毛泽东离开红四军到闽西去指导地方工作，因为心情不好，再加上长期以来积劳成疾，生了一场大病。党组织为他请了当地的名医，经过一段时间精心治疗，1929年10月，毛泽东大病初愈。11日，是农历重阳节，他在福建的上杭县临江楼写下了著名的《采桑子·重阳》：“人生易老天难老，岁岁重阳。今又重阳，战地黄花分外香。一年一度秋风劲，不似春光。胜似春光，寥廓江天万里霜。”抒发了他的革命豪情万丈、革命前景"胜似春光"的乐观情感！再如他作于 1965 年 5 月的《水调歌头·重上井冈山》。此时毛泽东已经 72 岁了,但是"世上无难事,只要肯登攀"的革命乐观主义精神丝毫不减。

勇于担当的精神

中国共产党近百年的历史,从某种程度上讲,就是一部共产党人面对困难险阻所展现出来为民请命、为民族牺牲的担当史。老一辈革命家的诗词充分展现了中国共产党人这种勇于担当的精神。

1925 年深秋时节,毛泽东独自来到长沙的橘子洲头,面对苍茫大地、壮丽河山,他挥笔写下了著名的《沁园春·长沙》。"问苍茫大地,谁主沉浮?""指点江山,激扬文字,粪土当年万户侯。"诗词展现了毛泽东那种除旧布新、主宰世界的凌云壮志。1936 年 2 月,毛泽东写下了著名的《沁园春·雪》。在毛泽东看来,历史上的秦皇汉武、唐宗宋祖、成吉思汗,已经成过往,均不足道,真正决定和主宰中国命运的是中国共产党人,"数风流人物,还看今朝"。词中充满了对祖国壮丽山河的热爱,那种舍我其谁的担当精神也跃然纸上。

1945 年 4 月,中共七大在延安开幕。如何使中国人民摆脱黑暗的命运,走向光明的前途,中共七大的召开实际上已经为中国的发展指明了方向。陈毅参加了中共七大,在听了毛泽东所作的开幕词之后,写下了《七大开幕》一诗:"百年积弱叹华夏,八载干戈伏延安。试问九州谁做主,万众瞩目清凉山。"全国人民翘首仰望延安,打败日本帝国主义、建立新中国的希望就在中国共产党人身上。

(摘自《党史文苑》2018 年第 3 期)

请结合文章分析本文是如何阐释"老一辈革命家诗词中的革命精神"的。

解析　本题着眼于探究作为议论性文体的文本所包含的"逻辑性和深刻性、严密逻辑和崇高精神有机结合"的特点,着力提升学生文本分析的理性思维,呼应核心素养中的"思维发展与提升"的能力要求。

答案　① 首先引用古代诗论"诗言志,歌咏言"的观点,认为诗歌是表达情感志向的重要方式。所以老一辈革命家的诗词作品也有"言志"的功能,以表达其心中的革命精神。

② 然后阐释老一辈革命家诗词中的革命精神的作用:铸就革命文化底蕴,丰富革命文化内涵,激励党和人民在建设中国特色社会主义道路上奋勇前进。

③ 接着利用并列结构深入阐释老一辈革命家诗词中的革命精神,其中包含有坚定的马克思主义信仰,舍生取义、视死如归的精神,革命乐观主义精神,勇于担当的精神。

全文以总分的结构展开,思路严密清晰,引用丰富的作品,增加了文采,激发了读者的阅读兴趣,同时传递出崇高的革命精神。

■ 新课标要求关注实用类文体,以其内容、写法作为深入研习的对象。

例3 阅读下面的文章,完成习题。

谁是最可爱的人

魏巍

在朝鲜的每一天,我都被一些东西感动着;我的思想感情的潮水,在放纵奔流着;它使我想把一切东西,都告诉给我祖国的朋友们。但我最急于告诉你们的,是我思想感情的一段重要经历,这就是:我越来越深刻地感觉到谁是我们最可爱的人!

谁是我们最可爱的人呢?我们的战士,我感到他们是最可爱的人。

也许还有人心里隐隐约约地说:你说的就是那些"兵"吗?他们看来是很平凡、很简单的哩,既看不出他们有什么高深的知识,又看不出他们有什么丰富细致的感情。可是,我要说,这是由于他跟我们的战士接触太少,还没有了解到我们的战士:他们的品质是那样的纯洁和高尚,他们的意志是那样的坚韧和刚强,他们的气质是那样的淳朴和谦逊,他们的胸怀是那样的美丽和宽广!

让我还是来说一段故事吧。

还是在二次战役的时候,有一支志愿军的部队向敌后猛插,去切断军隅里敌人的逃路。当他们赶到书堂站时,逃敌也恰恰赶到那里,眼看就要从汽车路上开过去。这支部队的先头连就匆匆占领了汽车路边一个很低的光光的小山冈,阻住敌人。一场壮烈的搏斗就开始了。敌人为了逃命,用了三十二架飞机、十多辆坦克发起集团冲锋,向这个连的阵地汹涌卷来,整个山顶的土都被打翻了,汽油弹的火焰把这个阵地烧红了。但是,勇士们在这烟与火的山冈上,高喊着口号,一次又一次把敌人打死在阵地前面。敌人的死尸像谷个子似的在山前堆满了,血也把这山冈流红了。可是敌人还是要拼死争夺,好使自己的主力不致覆灭。这场激战整整持续了八个小时。最后,勇士们的子弹打光了。蜂拥上来的敌人占领了山头,把他们压到山脚。飞机掷下的汽油弹把他们的身上烧着了火。这时候,勇士们是仍然不会后退的呀,他们把枪一摔,向敌人扑去,身上帽子上呼呼地冒着火苗,向敌人扑去,把敌人抱住,让身上的火,也把占领阵地的敌人烧死。……据这个营的营长告诉我,战后,这个连的阵地上,枪支完全摔碎了,机枪零件扔得满山都是。烈士们的遗体,保留着各种各样的姿势,有抱住敌人腰的,有抱住敌人头的,有掐住敌人脖子把敌人摁倒在地上的,和敌人倒在一起,烧在一起。有一个战士,他手里还紧握着一个手榴弹,弹体上沾满脑浆;和他死在一起的美国鬼子,脑浆迸裂,涂了一地。另一个战士,嘴里还衔着敌人的半块耳朵。在掩埋烈士遗体的时候,由于他们两手扣着,把敌人抱得那样紧,分都分不开，以致把有些人的手指都掰断了。……这个连虽然伤亡很大，他们却打死了三百多敌人，更重要的，他们使得我们部队的主力赶上来，聚歼了敌人。

这就是朝鲜战场上一次最壮烈的战斗——松骨峰战斗，或者叫书堂站战斗。假若需要立纪念碑的话，让我把带火扑敌和用刺刀跟敌人拼死在一起的烈士们的名字记下吧。他们的名字是：王金传、邢玉堂、王文英、熊官全、王金侯、赵锡杰、隋金山、李玉安、丁振岱、张贵生、崔玉亮、李树国。还有一个战士，已经不可能知道他的名字了。让我们的烈士们千载万世永垂不朽吧！

这个营的营长向我叙说了以上的情形，他的声调是缓慢的，他的感情是沉重的。他说在阵地上掩埋烈士的时候，他掉了眼泪。但是，他接着说："你不要以为我是为他们伤心，我是为他们骄傲！我觉得我们的战士太伟大了，太可爱了，我不能不被他们感动得掉下泪来。"

朋友，当你听到这段英雄事迹的时候，你的感想如何呢？你不觉得我们的战士是可爱的吗？你不以我们的祖国有着这样的英雄而自豪吗？

我们的战士，对敌人这样狠，而对朝鲜人民却是那样的爱，充满国际主义的深厚热情。

在汉江北岸，我遇到一个青年战士，他今年才二十一岁，名叫马玉祥，是黑龙江青冈县人。他长着一副微黑透红的脸膛，高高的个儿，站在那儿，像秋天田野里一株红高粱那样淳朴可爱。不过因为他才从阵地上下来，显得稍微疲劳些，眼里的红丝还没有退净。他原来是炮兵连的。有一天夜里，他被一阵哭声惊醒了，出去一看，是一个朝鲜老妈妈坐在山冈上哭。原来她的房子被炸毁了，她在山里搭了个窝棚，窝棚又被炸毁了。回来，他马上到连部要求调到步兵连去，正好步兵连也需要人，就批准了他。我说："在炮兵连不是一样打敌人吗？""那，不同！"他说，"离敌人越近，越觉着打得过瘾，越觉着打得解恨！"

在汉江南岸的日日夜夜里，有一天他从阵地上下来做饭。刚一进村，有几架敌机袭过来，打了一阵机关炮，接着就扔下了两个大燃烧弹。有几间房子着了火，火又盛，烟又大，使人不敢到跟前去。这时候，他听见烟火里有一个小孩子哇哇哭叫的声音。他马上穿过浓烟到近处一看，一个朝鲜的中年男人在院子里倒着，小孩子的哭声还在屋里。他走到屋门口，屋门口的火苗呼呼的，已经进不去人，门窗的纸已经烧着。小孩子的哭声随着那滚滚的浓烟传出来，听得真真切切。当他叙述到这里的时候，他说："我能够不进去吗？我不能！我想，要在祖国遇见这种情形，我能够进去，那么，在朝鲜我就可以不进去吗？朝鲜人民和我们祖国的人民不是一样的吗？我就踹开门，扑了进去。呀！满屋子灰洞洞的烟，只能听见小孩哭，看不见人。我的眼也睁不开，脸烫得像刀割一般。我也不知道自己的身上着了火没有，我也不管它了，只是在地上乱摸。先摸着一个大人,拉了拉没拉动;又向大人的身后摸,才摸着小孩的腿,我就一把抓着抱起来,跳出门去。我一看小孩子,是挺好的一个小孩儿啊。他穿着小短褂儿,光着两条小腿儿,小腿儿乱蹬着,哇哇地哭。我心想:'不管你哭不哭,不救活你家大人,谁养活你哩!'这时候,火更大了,屋子里的家具什物也烧着了。我就把他往地上一放,就又从那火门里钻了进去。一拉那个大人,她哼了一声,我就使劲往外拉,见她又不动了。凑近一看,见她脸上流下来的血已经把她胸前的白衣染红了,眼睛已经闭上。我知道她不行了,才赶忙跳出门外,扑灭身上的火苗,抱起这个无父无母的孩子……"

　　朋友,当你听到这段事迹的时候,你的感觉又是如何呢?你不觉得我们的战士是最可爱的人吗?

　　谁都知道,朝鲜战场是艰苦些。但战士们是怎样想的呢?有一次,我见到一个战士,在防空洞里,吃一口炒面,就一口雪。我问他:"你不觉得苦吗?"他把正送往嘴里的一勺雪收回来,笑了笑,说:"怎么能不觉得?咱们革命军队又不是个怪物。不过咱们的光荣也就在这里。"他把小勺儿干脆放下,兴奋地说:"就拿吃雪来说吧。我在这里吃雪,正是为了我们祖国的人民不吃雪。他们可以坐在挺豁亮的屋子里,泡上一壶茶,守住个小火炉子,想吃点什么就做点什么。"他又指了指狭小潮湿的防空洞,说:"再比如蹲防空洞吧,多憋闷得慌哩,眼看着外面好好的太阳不能晒,光光的马路不能走。可是我在这里蹲防空洞,祖国的人民就可以不蹲防空洞啊,他们就可以在马路上不慌不忙地走啊。他们想骑车子也行,想走路也行,边遛达边说话也行。只要能使人民得到幸福,就是我们最大的幸福。"所以,他又把雪放到嘴里,像总结似的说:"我在这里流点血不算什么,吃这点苦又算什么哩!"我又问:"你想不想祖国啊?"他笑起来:"谁不想哩,说不想,那是假话,可是我不愿意回去。如果回去,祖国的老百姓问:'我们托付给你们的任务完成得怎么样啦?'我怎么答对呢?我说'朝鲜半边红,半边黑',这算什么话呢?"我接着问:"你们经历了这么多危险,吃了这么多苦,你们对祖国对朝鲜有什么要求吗?"他想了一下,才回答我:"我们什么也不要。可是说心里话,——我这话可不一定恰当啊,我们是想要这么大的一个东西……"他笑着,用手指比个铜子儿大小,怕我不明白,又说:"一块'朝鲜解放纪念章',我们愿意戴在胸脯上,回到咱们的祖国去。"

　　朋友们,用不着多举例,你们已经可以了解我们的战士是怎样一种人,这种人有一种什么品质,他们的灵魂多么地美丽和宽广。他们是历史上、世界上第一流的战士,第一流的人!他们是世界上一切伟大人民的优秀之花!是我们值得骄傲的祖国之花!我们以我们的祖国有这样的英雄而骄傲,我们以生在这个英雄的国度而自豪!

　　亲爱的朋友们,当你坐上早晨第一列电车驰向工厂的时候,当你扛上犁耙走向田野的时候,当你喝完一杯豆浆、提着书包走向学校的时候,当你坐到办公桌前开始这一天工作的时候,当你往孩子口里塞苹果的时候,当你和爱人一起散步的时候……朋友,你是否意识到你是在幸福之中呢?你也许很惊讶地说:"这是很平常的呀!"可是,从朝鲜归来的人,会知道你正生活在幸福中。请你意识到这是一种幸福吧,因为只有你意识到这一点,你才能更深刻了解我们的战士在朝鲜奋不顾身的原因。朋友!你是这么爱我们的祖国,爱我们的伟大领袖毛主席,你一定会深深地爱我们的战士,——他们确实是我们最可爱的人!

(1)本文展现了"最可爱的人"的哪些可贵品质?

解析 本题的设计关注对文本内容的理解和把握,这是深入研习的基础。

答案 ① 第一个事例写松骨峰战斗,表现了志愿军战士对敌人的恨和有我无敌的英雄主义精神;

② 第二个事例写马玉祥从烈火中抢救朝鲜儿童,表现了志愿军对朝鲜人民的爱,也就是国际主义精神;

③ 第三个事例写作者与一位战士的谈话,表现了志愿军战士为了祖国人民甘愿受苦牺牲的无私胸怀和纯洁高尚的内心世界,赞扬了志愿军的革命乐观主义和爱国主义精神。

(2)作者魏巍谈到本文的写作时说,最初准备从采访来的一百多个生动事例中选出二十多个事例来写,后来只选了五个事例,最终写成本文时又删去两个。请结合文章分析本文的选材特点和效果。

解析 本题的设计关注文本的写法,引导学生体会作者选材的精中选精,把握文本选材的典型性这一重要的写法特点。

答案 ① 这篇通讯虽只写了松骨峰战斗、马玉祥从大火中抢救朝鲜儿童和志愿军战士以苦为乐三个故事,但由于选材精严,事例典型,却达到了以少抵多、以一当十的艺术效果。

② 这三个事例每一个都是不可缺少的。它们结合起来完美地表现了"志愿军战士是最可爱的人"这一中心,可见作者选材的匠心。作者这样选材,做到了英雄的群体和英雄的个体两者的结合,第一个事例描写的是英雄的群体,先给读者一个英雄的群体形象,再通过第二个事例给读者一个英雄的个体形象,最后通过第三个事例揭示前两个事例的思想基础和根本原因。

一、教学要求对比

内容	新课标	旧课标	区别
代表性作家作品	精读代表性作家作品,把握其精神内涵与艺术价值。至少选读 10 位现当代代表性作家的诗歌、散文、小说、戏剧方面的作品,大体了解现当代文学的发展概貌。	在阅读鉴赏中,了解诗歌、散文、小说、戏剧等文学体裁的基本特征及主要表现手法。了解作品所涉及的有关背景材料,用于分析和理解作品。 学会正确、自主地选择阅读材料,读好书,读整本书,丰富自己的精神世界,提高文化品位。课外自读文学名著(五部以上)及其他读物,总量不少于150 万字。	新课标要求引导学生大体了解现当代作家作品概貌,旧课标没有提及。 旧课标强调在阅读中努力做到知人论世,新课标没有明确要求。
当代文学创作动态	关注当代文学创作动态,选读新近发表的有影响的作品及相关评论。	无	新课标要求引导学生"关注当代文学创作动态,选读新近发表的有影响的作品及相关评论",旧课标没有提及。
读书笔记	养成撰写读书笔记的习惯,阅读作品应写出内容提要和阅读感受。选择喜欢的作品,从不同角度撰写作品评论,发表自己的见解。	学写诗歌、散文、小说、戏剧评论,力求表达出自己的独特感受和新颖见解。鼓励学生开展多种活动,如写书评、读后感,举办读书报告会、作品讨论会等,分享阅读乐趣,交流阅读成果,共同提高阅读能力。	新课标强调习惯的养成。

内容	新课标	旧课标	区别
创作作品	可根据自己的兴趣,选择喜欢的文学体裁,练习创作短篇作品。	留心观察社会生活,丰富人生体验,有意识地积累创作素材,尝试创作诗歌、散文、小说、剧本,组织文学社团,展示成果,交流体会。	关于创作,旧课标强调的是"尝试",而新课标强调的是"练习",要求有所提高。

二、对应题型示例

★　新课标要求但旧课标不要求

■　新课标要求引导学生大体了解现当代作家作品概貌,旧课标没有提及。

　　例1　从刘心武的《班主任》,到茹志鹃的《剪辑错了的故事》,再到蒋子龙的《乔厂长上任记》,你发现这些作品有什么不同？请利用课余时间和你的组员进行研讨,撰写一份研读报告。

　　解析　刘心武的《班主任》是"伤痕文学"的开端,茹志鹃的《剪辑错了的故事》是"反思文学"的起步标志,而蒋子龙的《乔厂长上任记》则是"改革文学"的代表作。教师引导学生阅读这些作品并撰写一份研读报告,可以让他们在收集整理、思考研读中大体了解中国80年代文学概貌,这符合新课标关于"引导学生大体了解现当代作家作品概貌"的要求。

■　新课标要求引导学生关注当代文学创作动态,选读新近发表的有影响的作品及相关评论,旧课标没有提及。

　　例2　举办一次《候鸟的勇敢》(迟子建)读书分享会活动。

　　解析　《候鸟的勇敢》是迟子建新近创作的一部中篇小说,2018年由人民文学出版社出版发行。教师可以设计一次《候鸟的勇敢》读书分享会活动,引导学生关注当代文学创作动态。比如,可以让学生先阅读《候鸟的勇敢》,写一篇读后感;然后查找收集相关评论,进一步深入了解该作品;最后可以摘录经典语句及评论。

☆ 旧课标要求但新课标不要求

■ 旧课标强调在阅读中努力做到知人论世,新课标没有明确要求。

例3 结合时代背景和作者经历,谈谈曹禺戏剧《雷雨》的主题思想。

解析 《雷雨》是剧作家曹禺创作的一部话剧,此剧以 1925 年前后的中国社会为背景,讲述了资产阶级周家和城市平民鲁家两个家庭纠结复杂的悲剧故事。而周、鲁两家复杂的血缘联系,更是突出、生动地反映了两个不同阶层的家庭之间的矛盾。这部作品揭露了旧中国旧家庭的种种黑暗现象以及地主资产阶级的专横、冷酷与伪善,反映了中国 20 世纪二三十年代正在酝酿着一场大变动的社会现实,对受压迫者给予了深切的同情。作者曹禺在谈到写作意图时说,《雷雨》是在"没有太阳的日子里的产物"。"那个时候,我是想反抗的。因陷于旧社会的昏暗、腐恶,我不甘模棱地活下去,所以我才拿起笔。《雷雨》是我的第一声呻吟,或许是一声呼喊。"(《曹禺选集·后记》)"隐隐仿佛有一种情感的汹涌的流来推动我。我在发泄着被压抑的愤懑,毁谤着中国的家庭和社会。……写《雷雨》是一种情感的迫切的需要。"(《我如何写〈雷雨〉》)学生要想理解《雷雨》这部戏剧的主题思想,就必须"知人论世",把握时代背景。

✵ 新课标和旧课标都要求但要求不同

■ 在阅读材料的选择上,新课标在旧课标的基础上明确要求"反映社会主义先进文化的作品要占一定比例",充分强调了文化自信。

例4 阅读《改革开放 40 年最有影响力的 40 部小说·短篇小说卷》,从中推荐一部你最喜欢的作品,写出你的推荐理由(不超过 200 字)。

解析 新课标要求研习中国现当代代表性作家作品,包括反映改革开放以来的社会主义先进文化的作品,《改革开放 40 年最有影响力的 40 部小说·短篇小说卷》符合要求,属于反映社会主义先进文化的作品。通过阅读改革开放 40 年的这 40 部小说,学生可以看到我国社会在改革开放中取得的成果,同时也能够理解我国社会前进的艰难。

一、教学要求对比

内容	新课标	旧课标	区别
经典作品	阅读外国文学经典作品,认识所读作品的地位和价值。撰写读书笔记,阅读作品应写出内容提要和阅读感受。选择感兴趣的作家、作品或话题,撰写评论。	阅读古今中外优秀的诗歌、散文作品,理解作品的思想内涵,探索作品的丰富意蕴,领悟作品的艺术魅力。培养阅读古今中外各类小说、戏剧作品(包括影视剧本)的兴趣,从优秀的小说、戏剧作品中吸取思想、感情和艺术的营养,丰富、深化对历史、社会和人生的认识,提高文学修养。形成良好的文化心态,学会尊重、理解作品所体现的不同时代、不同民族、不同流派风格的文化,理解作品所表现出来的价值判断和审美取向,作出恰当的评价。尝试对感兴趣的古今中外小说、戏剧进行比较研究或专题研究。阅读古今中外的人物传记、回忆录等作品,能把握基本事实,了解传主的人生轨迹,从中获得有益的人生启示,并形成有一定深度的思考和判断。选读古今中外文化论著,拓宽文化视野和思维空间,培养科学精神,提高文化修养。	新课标是以地域为区分标准,特别提出要阅读外国文学经典作品。而旧课标以文体为区分标准,将外国文学作品的阅读分散于诗歌与散文、小说与戏剧、新闻与传记、文化论著选读与专题研讨这四个选修板块之中。新课标单独列出了阅读外国文学经典的具体要求。旧课标只有针对各种文体的整体阅读要求。

内容	新课标	旧课标	区别
共同话题和文化差异	尝试探讨不同民族文学之间的共同话题和文化差异,尊重文化多样性,提升文化鉴别力。	以发展的眼光和开放的心态看待外来文化,学习对外国文化现象作出分析和解释。	新课标关注的是中外文学的相同点和文化的不同点,着眼于比较鉴别,旧课标关注的是对外国文化的理解和接受。

二、对应题型示例

★　新课标要求但旧课标不要求

■　新课标要求学生阅读外国文学经典作品,认识所读作品的地位和价值,尝试探讨不同民族文学之间的共同话题和文化差异,尊重文化多样性,提升文化鉴别力。

　　例 1　普罗米修斯被称为"哲学日历中最高的圣者与殉道者",无论外国还是中国,历史上都曾出现过类似的为人间盗取幸福光明火种的伟大人物,你能说出几个? 试着根据其中一个人物的故事分析"盗火者"的文化意义。

　　解析　此题旨在引导学生认识神话《普罗米修斯》的母题意义——"盗火者"是中西方神话甚至整个文化视域中的共同话题,并引导学生调动已有的民族文化知识,把这则神话放在世界文化的大版图中去理解其地位和价值。普罗米修斯敢向掌管着雷电云雨、主宰着人间祸福、有无穷威力的希腊神话中最高的天神宙斯挑战,冒着危险、饱受苦难、历尽折磨盗取天火,终于为人类带来了温暖和光明,让人类生活发生了质的变化。所以从文化意义上讲,普罗米修斯本身就是主持正义、献身理想、反抗暴虐的化身,是为了人类的利益和进步敢于抗拒强暴,宁死不屈,不惜牺牲自己的受难者、殉道者。

　　答案　无论是外国还是中国,历史上都曾出现过普罗米修斯式的"盗火者",他们敢为天下先,敢为真理和人类的福祉一生拼搏,一生奋斗,即使付出生命的代价也在所不惜。外国历史上的"盗火者"有因为追求真理、探讨哲学问题、教育青年而触怒雅典当局被处以死刑,却拒绝乞求赦免和逃亡,最终饮鸩而死的苏格拉底;有一生信守"在真理面前我半步也不会退让"的誓言、捍卫科学真理，最终被宗教裁判所判为"异端"烧死在罗马鲜花广场上的布鲁诺；有不惜触犯基督教教义、耗尽心血写作《天体运行论》的哥白尼；有一生为争取印度独立自由、终遭暗杀的"圣雄"甘地；有一生为赤贫者、濒死者、弃婴、麻风病人服务的诺贝尔和平奖得主特蕾莎修女等等。而中国的"盗火者"有"窃帝息壤"的鲧、"与日逐走"的夸父，而作为"民族魂"的鲁迅则是现代中国的普罗米修斯。

从一开始，鲁迅就以普罗米修斯式的"异端"登上中国的思想舞台，为风雨如磐的国度和苦难深重的民族盗来了启智去蒙的"天火"。仔细考察，鲁迅不仅具备了普罗米修斯的所有特点，而且更为丰富和鲜明：深邃的思想，深重的忧患意识，深情的悲悯，深广的忧愤，极度的愤怒和孤独，异常的坚忍和顽强，抗拒权威、蔑视权威的"硬骨头"精神以及深刻的怀疑、不留情面的批判，对于血淋淋的真实的勇敢揭露，对于国难民困浸入骨髓的哀痛，敞开怀抱面向世界未来，等等。正因为如此，周围的世界因他而明亮，因他而熊熊燃烧。即使一次又一次地被覆盖，鲁迅依然从覆盖中升腾，在黑暗与寒冷中显示出不同寻常的意义。

例2　同为"良心忏悔"的艺术形象，托尔斯泰《复活》中的聂赫留朵夫和曹禺《雷雨》中的周朴园，在灵魂迷失后都曾遭受良心谴责，并用各自的方式进行灵魂自救，请分析两人自我救赎的不同之处。

解析　这道题旨在引起学生对不同民族文化差异性的关注，不同时代、不同国家的作家在面对"良心忏悔"这个共同的文学母题时，必然会让自己笔下的人物用适合自身文化土壤的方式忏悔，并进行自救，这时候用比较、对照的方法来鉴赏艺术形象，会得到更有价值的收获，也有利于提升文化鉴别力。

答案　两人自救的原因不同：聂赫留朵夫是在法庭上认出了玛丝洛娃，面对玛丝洛娃堕落后不幸的遭遇和经受的苦难，产生了同情，继而被唤醒了良知，他的自救中有基督的精神和上帝的声音；周朴园对抛弃鲁侍萍有着深深的负罪感，他的自救是因为他的内心深处保有中国儒家仁义道德的传统观念。

两人自救的结果不同：聂赫留朵夫在救赎过程中看到了社会的罪恶，并发现被救赎的不是别人而是自己，这使他的灵魂趋向高贵，最终他精神复活，实现了道德的自我完善；周朴园因现实婚姻的不幸而怀念旧爱，同时又因恪守封建家长的伦理而不肯低头认罪，这种自我分裂使周朴园的灵魂自救仅止于"让自己心里好受些"这种利己的精神层面，他对自己的罪过并没有彻底的反省和批判，他的良知也没有完全觉醒，灵魂也没有净化，以致于他一方面纪念着鲁侍萍，试图做些补偿，一方面折磨自己的妻子，用卑劣的方法镇压工人运动。他的自我救赎本质上是自我原谅，因而给人肤浅、虚伪的感觉。

■ 新课标要求学生阅读不同时期、不同国家的优秀文学作品,撰写读书笔记,阅读作品应写出内容提要和阅读感受,选择感兴趣的作家、作品或话题,撰写评论。

例3 人性如一枚有着正反两面的硬币,有善的一面,也有恶的一面;有阳光的一面,也有阴暗的一面;有天使的一面,也有魔鬼的一面。人的心灵常常是战场,交战的双方是天使和魔鬼。请在《浮士德》《悲惨世界》《复活》三部作品中选择一部进行阅读,并针对作品中浮士德、冉阿让或聂赫留朵夫的人物形象,思考人性的两面性,并撰写读书笔记。

解析 本题是一个比较有挑战意义的学习任务,旨在引导学生选择阅读自己感兴趣的作品,以一带三,激发学生的阅读兴趣,并着意引导学生带着问题阅读,边阅读边思考,并用读书笔记的形式呈现自己的阅读成果。

答案 浮士德:一方面,他受生命本能的驱使,常常沉迷于名利、地位、权势、美色等现实欲望中,是王权的支持者;另一方面,他又追求真理、创造事业,不断超越自我,走向新生活,是理想社会的追求者。

冉阿让:一方面,纯朴善良、知恩图报、重情重义是他的性格底色;另一方面,十九年的牢狱生活使他堕落成仇恨社会的恶魔,他要以恶报恶,报复社会。然而他又在爱与宽恕中苏醒,在苦修中从善,成为拯救苦难、回报社会的天使。

聂赫留朵夫:一方面,他是纯洁、热诚、朝气勃勃、有着美好追求的大好青年;另一方面,他又是荒淫放荡、唯利是图、毁人幸福的可耻军官,是花天酒地、放荡不羁的利己主义者。然而他又是自我反省、良心发现的忏悔者,最终在追求仁爱和道德的自我完善中复活,实现了精神的皈依。

例4 文艺复兴后,以教育和求知为目的的旅行活动开始风行。到17世纪后期至18世纪,"大游学"成为这一实践的巅峰。结合你所了解的文艺复兴的作家、作品,设计一条关于文艺复兴文学的"大游学"路线,并附上吸引人的"游学之旅"广告词。

解析 这是一个很有新意的以"文艺复兴"文学为专题的情境任务,试图调动学生已有的历史、地理和民族文化方面的知识,切入角度比较理想。更可贵的是,它把文艺复兴文学和现实生活结合起来,很好地体现了语文的应用价值,也有利于引导学生从整体上把握文艺复兴文学,绘制这一时期的文学地图,并活用这个地图来解决问题,完成任务。

答案 路线:意大利佛罗伦萨大学(这是薄伽丘和彼特拉克共同工作和生活过的地方,听佛罗伦萨大学教授讲"佛罗伦萨文学三杰"与《神曲》)——拉伯雷的故乡法国拉得文涅(参观拉伯雷纪念馆,了解拉伯雷丰富的人生经历,观赏

《巨人传》原稿，了解其创作、发表历程，与纪念馆志愿者交流阅读体会，参加盛大的"拉伯雷人"节，欣赏拉伯雷作品中出现的音乐、人物，品尝作品中出现的美食、美酒）——西班牙马德里塞万提斯学院（举办《堂吉诃德》研讨会）——英国伦敦环球剧院（欣赏莎士比亚的戏剧《哈姆雷特》《李尔王》）

广告词："文艺复兴"大游学之旅，满足你对文艺复兴文学的所有幻想：去意大利古城佛罗伦萨，与意大利文艺复兴"文学三杰"亲密接触；到拉伯雷的故乡一睹《巨人传》原稿，倾听拉伯雷特有的嬉笑怒骂；在西班牙，和马德里本土人聊聊塞万提斯，听听他们对《堂吉诃德》的评价；在伦敦环球剧院，观赏原汁原味的莎翁戏剧，回味哈姆雷特的悲伤和李尔王的愤怒。"文艺复兴"主题深度游，你值得拥有！

■ 新课标要求教师组织学生选择自己感兴趣的作家、作品或专题，拓展阅读，研讨交流。

例5 马克·吐温的《哈克贝利·费恩历险记》是用儿童视角来写的，这给小说带来了什么特别的表达效果？你还能再列举两部（篇）以儿童视角来写的小说，并说说其特别之处吗？

解析 这道题以"儿童视角"为切入点，既可以引导学生从整体上把握《哈克贝利·费恩历险记》的创作特色，又可以引导学生进行拓展阅读，触类旁通。

答案 小说《哈克贝利·费恩历险记》用儿童视角来写，强化了对世界的好奇感和探索感；以哈克贝利·费恩孩童般天真的眼睛，看见了成人社会所谓的各种"文明"，可以展现成人眼光极容易忽视的童心世界，以孩子善与爱的视角去反抗现实，带给麻木、世故的成人世界以震撼。

曹文轩的《红瓦》是以儿童视角来写的以"文革"为背景的小说。儿童视角从很大程度上消减了文革的政治味道和沉重阴郁的气息，让小说既反映了社会现实，但又显得轻快明朗。因为孩子们是最善于发现快乐的群体，对于孩子来说，那些让大人充满恐慌的破四旧、打砸抢与其说是革命，不如说是游戏，即使是很有革命意味的大串联，在孩子们看来也是好玩的事：可以满世界窜，又可以吃饱肚子，解馋。成人世界的遭难却成就了孩子们对奇遇的幻想，从而使悲剧事件似乎也带上了喜剧色彩。艾伟的《乡村电影》也是以儿童视角写"文革"的小说，作者通过孩子好奇和探寻的目光，揭示很多被大人所忽视和遮蔽的现象和事实，发掘"文革"暴力掩盖下的人性的闪光点。当大人们因政治因素的遮蔽而失去正常的观察力和判断力时，是儿童视角为读者打开一扇窗，让我们看到了被政治风浪掩盖的真相，在表象与事实的反差中，读者自然而然地体味到那被扭曲了的生活。莫泊桑的《我的叔叔于勒》也是以儿童视角展开描述,孩子的单纯使小说可以最大限度地展现事件本来的样子,揭示生活的真实;孩子的不理解和疑问也能引起读者的思考;孩子所表现出来的纯纯的亲情之爱,隐含对成人以金钱衡量一切的批判态度。

例6　川端康成和卡夫卡都喜欢采用内视角来进行小说创作,但二者又有比较明显的不同,请结合相关作品谈谈你的看法(也可以写成小论文)。

解析　这道题旨在引导学生读川端康成和卡夫卡的作品,并以写作视角为突破口探讨作品的地位和价值,是一道不错的专题探究型题目。

答案　首先,从视点人物的地位来看,川端康成小说往往选择一个男性人物作为视点人物,而这些视点人物却不如他们身边的女性形象那样引人注目,似乎可有可无,只是作品中女性形象的一个陪衬。同时视点人物是非现实化的,同现实之间存在着距离,就像生活在真空中的人。《雪国》中的岛村无所事事,坐食祖业,玩世不恭,自称是西方舞蹈评论家,却从未见过真正的西洋舞蹈,当真正的西洋舞蹈来日本演出时,他也显得毫无兴趣。《千只鹤》中的菊治,也似乎只是一个空心人,从未与外界接触,小说中只交代他是公司的一个职员。《山音》的视点人物是退休老人。这些人或对现实持冷漠态度,成为现实的旁观者,或已从现实中退了下来,他们身上的社会属性均被淡化。而卡夫卡小说中的视点人物往往处于被肯定的优越地位,其他人物要经由视点人物的过滤才能进入小说,因而视点人物也就总处于审视评价的地位。而且这些视点人物始终是社会生活的积极参与者,与现实及周围的人始终保持着密切的联系。如《变形记》这部小说视点人物是格里高尔,他始终向往普通人拥有的现实生活,即使是变成了虫子,还惦记着现实生活的一切。他也是作家着力塑造的人物,其他人物如父亲、母亲、妹妹等形象都是在格里高尔的观察感受中完成的,都处于被审视、被评价的地位。再如《城堡》中的K也是以一个现实生活的积极参与者的身份出现的。

其次,从视点人物的作用来看,川端康成小说中的视点人物承担了叙述功能,同时,这些男性形象虽不是主角,但其情绪对整个作品的抒情气氛乃至情节走向具有强烈的渗透力和制约性,比如《雪国》中的岛村精神空虚,于是来到雪国,希望通过爬山唤回对自然和自己的容易失去的真挚情感,作品中弥漫着其虚无、哀伤、忧郁的情绪。这些男性视点人物的作用还在于,经由其主观世界的过滤而生发并阐释作品中女性之美,承担了事件的参与者或观察者的角色。而卡夫卡小说中的人物处于小说叙说的核心位置,其经历、遭遇往往是作家在小说中要揭示的问题,他是某种社会现象、观念、意识的缩影。

☆ 旧课标要求但新课标不要求

■ 旧课标要求初步把握中外小说、戏剧各自的艺术特性,注意从不同的角度和层面解读小说、戏剧作品,提高阅读能力和鉴赏水平,新课标未提及。

例7 阅读下面的文字,完成习题。

看护父亲的孩子

[意]亚米契斯

一个春雨绵绵的早晨,一个满身泥水的乡下孩子,来到那不勒斯市一家著名的医院门口,递了一封信给看门人,说要找他入院不久的父亲。看门人瞥了一眼信的大致内容,就叫了一个护士领孩子过去。

看着病人的样子,孩子哭起来。病人很瘦,头发变白了,胡须变长了,肿胀的脸又青又暗,皮肤像要破裂似的发亮,眼睛变小了,嘴唇变厚了,全然不像父亲平日的模样。呼吸很微弱,只有额头轮廓和眉毛还有点像父亲。孩子叫着:

"父亲! 父亲! 认得我吗? 我是西西洛! 母亲不能来,叫我来照顾你。请看看我,跟我说句话吧!"

病人看了孩子一会儿,又闭上眼睛。

"父亲! 父亲! 你怎么了? 我是你的儿子西西洛啊!"

正胡乱想着,有人用手轻轻拍他的肩膀,抬头一看,原来是医生。"不要担心,他脸上发丹毒了。虽然病情很厉害,但还有希望。你要细心照顾他! 你在这里真是再好不过了。"

从此,西西洛就细心照顾起父亲。病人常常看着西西洛,好像不很清醒,不过注视他的时间慢慢变长了。当西西洛用手帕捂着眼睛哭的时候,病人总是凝视着他。有一次嘴唇微动,好像要说什么。他昏睡之后清醒一点儿的时候,总是睁开眼睛寻找看护他的人。西西洛自己也很高兴,把母亲、妹妹们的事情以及平时盼父亲回国的情形都说给他听,又用深情的话劝慰病人。

到了第五天,病人的病情忽然加重,护士送来的药和食品,只有西西洛喂他才肯吃。

下午四点钟西西洛依旧独自流泪,忽然听见屋外有脚步声,还有人说话:"护士小姐! 再见!"

这使西西洛跳了起来,激动地抑制住叫喊的冲动。

一个胳膊上缠着绷带的人走了进来。西西洛站在那里,发出刺耳的尖叫——"父亲"! 那人回头一看,也叫起来:"西西洛!"箭似的跑到他身旁。

"啊! 西西洛,这是怎么回事? 你认错人了! 你母亲来信说你已经来到医院了,快把我担心死了! 西西洛! 怎么这样憔悴? 我已经好了,母亲、孔赛德拉、小宝宝都好吗？我正要出院！天呀！竟有这样阴差阳错的事！"

西西洛想说家里的情况，可说不出话来。

"走吧！我们今晚还能赶到家。"父亲拉他走，可西西洛一动不动，却回头看着那病人。病人也睁大眼睛注视着西西洛。西西洛从心里流出这样的话来："别急，父亲！请等一等！我现在不能回去。我在这里住了五天，已经把他当作你了。我那么爱他，你看他看我的眼神！他不能没有我。父亲！请暂时让我留在这里吧！"

父亲犹豫不决，看看儿子，又看看病人，问周围的人："他是谁？"

"跟你一样，也是个农村人，刚从国外做工回来，恰好跟你同一天住进医院。进来的时候不省人事，话也不能说了。家里人好像不在附近。他准是把你的儿子当成自己的儿子了。"

病人仍看着西西洛。

"那么你留在这里吧，善良的孩子。我先回去让你母亲放心。这几块钱你当作零用。再见！"父亲说完，吻了儿子的额头就走了。

西西洛回到病床旁边，病人似乎安心了，西西洛不离病人半步，病人也紧紧盯着西西洛，吃力地动着嘴唇想要说些什么，眼神也很和善，只是瞳孔渐渐缩小而且渐渐昏暗起来。西西洛紧紧握住病人的手，病人睁开眼，看了看西西洛就闭上了。

"他去了！"西西洛叫着。

"回去吧，善良的孩子。神会保佑你这样的人的，你将来会得到幸福的，快回去吧！"

护士把窗台上养着的花取来一束交给西西洛："没什么可送你的，请收下这花当作纪念吧！"

"谢谢！"西西洛收下花，擦着眼泪。"但是我要走远路，花会白白枯萎的。"说完将花撒在病床四周，"把这花留下当作纪念吧！谢谢医生和护士小姐！谢谢大家！"又对着死者说："再见！"

忽然不知道该如何叫他，西西洛想了一下，就用几天来已经习惯的称呼说："再见，父亲！"说着取出衣服包，打起精神，缓缓走出去。

外面天亮了。

（摘自《精品小说》，有删改）

（1）明明西西洛认错了父亲，作品为什么还以"看护父亲的孩子"为题？请结合全文谈谈你的理解。

（2）小说的内容十分感人，请用一句话谈谈你的阅读感悟。（不超过 30 字）

解析　这两道题目都旨在鼓励学生在研读文本的基础上对外国小说进行个性化解读，充分激发学生的想象力和创造潜能。

答案 （1）文章从西西洛急着赶去看护父亲写起，行文处处紧扣西西洛对父亲的悉心照顾和看护，特别是得知认错人竟然还选择了留下，明知不是自己的父亲竟然还以父亲称呼，像看护父亲一样照顾病人，这些都充分表现了西西洛善良、充满爱心的美好品质，作品也因此以"看护父亲的孩子"为题。

（2）超越亲情的爱，是更美好、更高尚、更可贵的人间之情。（符合小说的主题，言之成理即可。）

★ 新课标和旧课标都要求但要求不同

■ 新课标要求学生深入阅读，整体把握作品的感情基调和思想内涵；旧课标要求精选重点，鉴赏研读，二者都要求深入阅读文本，但对学习目标的设定不同。

例 8　阅读下面的文字，完成习题。（选文同例 7）

（1）小说首尾都有一段精短的景物描写，说说它们在文中的作用。

（2）这篇小说描述了乡下孩子西西洛在医院看护父亲的故事，情节安排十分精巧，试作分析。

解析　这两道题旨在引导学生精选文本重点内容，着眼于小说这种文体的特征，从主题、环境描写、情节、人物形象等角度鉴赏研读，符合旧课标要求，但没有对应新课标整体把握作品感情基调和思想内涵的要求。

答案　（1）开头"一个春雨绵绵的早晨"，交代了故事发生的时间和天气情况，烘托了主人公焦急、忧虑的心情。结尾"外面天亮了"象征着主人公崇高的思想境界给人们带来的美好感觉，使小说的主题得到了升华。

（2）小说的情节发展既在意料之外，又在情理之中，十分精巧。西西洛悉心照料并且为之悲伤落泪了五天的"父亲"竟然不是自己的父亲，他得知认错了竟然还选择了留下，明知不是自己的父亲竟然还以"父亲"称呼，都出人意料。而"看门人瞥了一眼信的大致内容，就……""全然不像父亲平日的模样""病人看了孩子一会儿，又闭上眼睛""病人总是凝视着他"，以及西西洛的善良和爱心都使情节发展又在情理之中。

一、教学要求对比

内容	新课标	旧课标	区别
自然科学和社会科学类论文、著作	选择阅读简明易懂的自然科学和社会科学类论文、著作（节选），领会不同领域科学与文化论著的内容，培养科学态度和创新精神。	选读经典名著和其他优秀读物，与文本展开对话。通过阅读和思考，领悟其丰富内涵，探讨人生价值和时代精神，以利于逐步形成自己的思想、行为准则，树立积极向上的人生理想，增强为民族振兴而努力的使命感和社会责任感。选读古今中外文化论著，拓宽文化视野和思维空间，培养科学精神，提高文化修养。关注当代文化生活，能通过多种途径，开展文化专题研讨。	教学资源不同：新课标涵盖了自然科学和社会科学类论文、著作，不仅仅是旧课标所涵盖的"经典名著""古今中外文化论著"，给教师和学生提供了更丰富、更多样的学习选择与学习方向，更具时代性，更突出了核心素养中的"科学精神"与"人文底蕴"两个具体要求。
内容提要和读书笔记	撰写内容提要和读书笔记，学习体验概括、归纳、推理、实证等科学思维方法，把握科学与文化论著观点明确、逻辑严密、语言准确精练等特点。	① 借助工具书、图书馆和互联网查找有关资料，了解论著作者情况、相关背景和论著中涉及的主要问题，排除阅读中遇到的障碍。在整体了解论著内容的基础上，选读其中的重点章节，有侧重地进行探究学习，把握论著的主要观点和基本倾向，了解用以支撑观点的关键材料。	课程侧重不同：新课标的侧重点是"学习体验概括、归纳、推理、实证等科学思维方法"，"语文味"更突出，"语文思维"更鲜明，课程内容更明确。旧课标的侧重点是"把握论著的主要观点和基本倾向，了解用以支撑观点的关键材料"。目标不同：新课标从

内容	新课标	旧课标	区别
		② 学习运用科学的思想方法发现问题、分析问题和解决问题，在阅读过程中注重反思，探究论著中的疑点和难点，敢于提出自己的见解，并乐于和他人交流切磋，共同提高。 ③ 关注现实生活和社会的发展，对感兴趣的问题进行思考，参考有关论著，学习对当代社会生活中的问题和中外文化现象作出分析和解释，积极参与先进文化的传播和交流，提高自己的思考、交流能力和认识水平。	言语和思维两个方面，强调"把握科学与文化论著表达的特点"，体验"学者发现问题、探索解决问题的路径""思维过程和表达方式"。而旧课标主要强调"学习运用科学的思想方法发现问题、分析问题和解决问题"等，这一能力要求较为模糊、宽泛。

二、对应题型示例

★　新课标要求但旧课标不要求

■　新课标要求选择适合高中生阅读的自然科学和社会科学类论文、著作，引导学生理解文本内容，体会科学与文化论著的表述方式，提高阅读科学与文化论著的能力，而旧课标不要求。

　　例1　以叶圣陶的《景泰蓝的制作》为研读文本，探究作者在这一文本中运用了哪些专业术语、是如何运用这些专业术语说明景泰蓝制作的；了解相关背景资料，列出景泰蓝的制作中包含了哪些科学元素，其中蕴含着制作者怎样的科学素养、工艺技巧、创作精神与创作力；确定研读要点，或把握说明对象与叙述内容的特点，或品味其中的科学、工艺内涵，或阐述科学论著的科学魅力，或归纳阅读这一类文本时解读知识和品读的方法，或通过专业术语解读其中的科学、工艺原理，等等；收集资料，研读实践，拟定研究计划，选定主题，提炼相关结论，撰写研究报告或小论文。

解析　可以根据教材上有关科学与文化论著的内容拓展到相关专题上来，比如设计这样几类专题阅读：生态与环境类专题阅读、生物与基因类专题阅读、天体与物理类专题阅读、数学与逻辑类专题阅读、哲学类专题阅读、社科人文类专题阅读，甚至可以结合成为时事热点的某一科技发展进行专题阅读，比如人工智能专题阅读、共享经济专题阅读，等等。教师可以设计研读方案和计划，引导、组织开展研读活动：

读前	选择课题		确定文本		
读中	摘记、评点、思考	确定问题	重读、研读	搜集资料	评论、解读
读后	整合构思	撰写提纲	组合材料	成文交流	修改定稿

结合教材文本或科技主题单元，进行梳理、整合和提炼，掌握有关科学与文化论著文本研习的基本常识。

■ 新课标要求借助工具书、资料，了解文本中的基本概念和观点，理清文本结构脉络、论证逻辑，而旧课标不要求。

例2　研读《乡土中国》一书，列举书中的基本概念，圈画文中观点，并谈谈自己的体会，用思维导图画出各章节的文本结构；深入社区或村落，联系现实谈谈中国当前社会结构是以"差序格局"为主，还是以"团体格局"为主，如果考虑到正在建设的"美丽乡村"，当前社会结构要做哪些调整，并就此问题写一份调查报告或一篇小论文。或者就当前中国社会结构是以"差序格局"为主，还是以"团体格局"为主，举办一场辩论赛。

解析　《乡土中国》中有一系列的原创概念，如"差序格局""团体格局""礼治格局""横暴权力""同意权力""长老权力""时势权力"等等。在本书中找出观点没有难度，关键是要评点，可以联系现实来谈感受，也可以就句子的内涵进行解释，还可以用历史发展的思路来分析句子，等等。思维导图的关键在于是否清晰准确地呈现全书各篇目之间和某一章节内部之间的逻辑关系。小论文的写作，可从基本的写作形式入手，整体框架按照提出问题、分析问题、解决问题的思路搭建，关键部分是实证分析与数据比较，以及在此基础上的论证、概括、归纳、总结等环节。最终形成一篇问题明确、分析细致、论证扎实的小论文。具体可以分为这样几步：1. 制定方案。2. 搜集材料。3. 形成解释。4. 梳理分析。5. 依纲写作。6. 加注修改。7. 结语。

☆ 旧课标要求但新课标不要求

■ 旧课标要求把握论著的主要观点和基本倾向,了解用以支撑观点的关键材料,新课标没有明确要求。

例3 阅读下面的文字,完成习题。

"黑箱"是控制论中的概念,意为在认识上主体对其内部情况全然不知的对象。"科技黑箱"的含义与此有所不同,它是一种特殊的存贮知识、运行知识的设施或过程,使用者如同面对黑箱,不必打开,也不必理解和掌握其中的知识,只需按规则操作即可得到预期的结果。例如电脑、手机、摄像机、芯片,以及药品等,可以说,几乎技术的全部中间和最终成果都是科技黑箱。在科技黑箱的生产过程中,科学知识是基础,价值观和伦理道德则对科学知识进行选择。除此以外,科技黑箱中还整合了大量人文的、社会的知识,并且或多或少渗透了企业文化和理念。这样,在电脑或手机中就集成了物理学、计算机科学、管理学、经济学、美学,以及对市场的调研和政府的相关政策等知识。

科技黑箱是特殊的传播与共享知识的媒体,具有三大特点。首先,它使得每一个使用者——不仅牛顿,都能直接"站在巨人的肩上"继续前进。试想,如果要全世界的电脑使用者都透彻掌握电脑的工作原理,掌握芯片上的电子理论,那需要多少时间? 知识正是通过科技黑箱这一途径而达到最大限度的共享。如今,计算机天才、黑客的年龄越来越小,神童不断出现,他们未必理解计算机的制作过程就能编写软件、破译密码。每一代新科技黑箱的出现,就为相对"无知识"的年轻一代的崛起与赶超提供了机会。其次,处在相对低端的科技黑箱往往与语境和主体无关,而处于高端的科技黑箱则需满足特定主体在特定场合乃至心理的需要。人们很少能对一把锤子做什么改进,而使用一个月后的电脑则已经深深地打上了个人的印记,这就说明,在认识变得简单易行之时,实践变得复杂和重要。最后,当科技为我们打开一扇又一扇门的时候,我们能拒绝它的诱惑不进去吗? 而一旦进去,我们的行为能不受制于房间和走道的形状吗? 表面上是使用者在支配科技黑箱,然而科技黑箱却正在使用者"不知情"的情况下,对使用者施加潜移默化的影响,也就是说使用者被生产方对象化了。

值得注意的是,科技黑箱在使科技知识被使用者广泛共享之时,也往往使这部分知识因共享而贬值甚至被人遗忘。那么还要不要学习集成于科技黑箱中已经贬值的科技知识,例如电磁理论、牛顿力学,甚至四则运算? 这是一个很有意思的问题。技术所构成的平台还有一个历史维度。时至今日,历史上的很多技术已经失传或过时,但是也有相当多的技术流传至今,例如中国的针灸,以及散落在各古老民族中的特殊技法等科技黑箱都是如此。这提示我们,对于历史上存在过的知识应予宽容。此外,由于使用者不必从头学起即可操作科技黑箱,于是就可能发生对科技黑箱的滥用。科学技术是一把双刃剑,科技黑箱无疑会使得双刃剑的哪一刃都变得更为锋利。

(摘编自吕乃基《行进于世界3的技术》)

(1)下列对于科技黑箱的理解,不正确的一项是(　　)

A. 黑箱,在认识上主体对其内部情况全然不知;而科技黑箱,则至少它的设计者理解和掌握其中所含有的知识。

B. 与黑箱不同,科技黑箱的操作是可控的,使用者不必透彻掌握其工作原理,只需按规则操作即可得到预期的结果。

C. 科技黑箱是一种特殊的存贮知识、运行知识的设施或过程,在科技黑箱的生产过程中,价值观和伦理道德对科学知识进行了修正。

D. 几乎技术的全部中间成果和最终成果,如电脑、手机,都集成了物理学、计算机科学等知识,可以说,是科技造就了科技黑箱。

(2)下列理解和分析,不符合原文意思的一项是(　　)

A. 在当今世界,每一个科技黑箱的使用者都能像牛顿一样"站在巨人的肩上"继续前进,这个"巨人"就是科技黑箱。

B. 知识通过科技黑箱这一途径达到最大限度的共享,这是现在计算机天才、黑客和神童不断出现的根本原因。

C. 越是高端的科技黑箱,主体对它的干预就越大;在认识和实践的关系上,实践也随之变得更加复杂和重要。

D. 使用者表面上是在支配着科技黑箱,但实际上他们是在"不知情"的情况下受到了科技黑箱潜移默化的影响。

(3)根据原文内容,下列理解和分析不正确的一项是(　　)

A. 新的科技黑箱能够为相对"无知识"的年轻一代提供崛起和赶超的机会,他们即使没有掌握科技黑箱中的知识,也可以享用这些知识。

B. 要不要学习集成于科技黑箱中已经贬值的科技知识,作者并没有给出直接的答案,但提示我们,应当对这些知识予以宽容。

C. 科技黑箱不仅包括当代的高科技成果,也包括历史上遗留下来的很多技术,如中国的针灸以及各古老民族中的特殊技法。

D. 由于科技黑箱使用简单方便,于是就可能发生滥用的现象,其直接后果就是科技这把双刃剑的哪一刃都变得更加锋利。

解析 本题是2012年高考全国卷的试题,第一小题考查理解与筛选、整合文中信息的能力,第二、三小题考查对文章的理解与分析能力。

答案

（1）C。原文表述为"在科技黑箱的生产过程中，科学知识是基础，价值观和伦理道德则对科学知识进行选择"，C项中"修正"一词偷换了概念。

（2）B。B项错在强加因果，知识通过科技黑箱这一途径达到最大限度的共享，为计算机天才、黑客和神童崛起与赶超提供了机会，但不是他们不断出现的根本原因。

（3）D。原文没有说"直接后果"。

✹ 新课标和旧课标都要求但要求不同

■ 新课标要求撰写内容提要和读书笔记，学习体验概括、归纳、推理、实证等科学思维方法，把握观点明确、逻辑严密、语言准确精炼等特点。旧课标则只要求阅读文化论著，重在领会精神，抓住重点，对其中的主要内容或观点进行讨论。

例4 阅读下面的文字，完成习题。

解析汪曾祺作品中的中华人文精神

王艳

汪曾祺在《自报家门》中说："有评论家说我的作品受了两千多年前的老庄思想的影响，可能有一点，我在昆明教中学时案头常放的一本书是《庄子集解》。但是我对庄子感极大的兴趣的，主要是其文章，对于他的思想，我到现在还不甚了了。我自己想想，我受影响较深的，还是儒家……我觉得儒家是爱人的，因此我自诩为'中国式的人道主义者'。"

人道主义即为人文精神。人文精神是作为 Humanism 的译词而被广泛使用的，它在中国新文学初期有以下几种译法：学衡派胡先骕在 1922 年评论《尝试集》时译为"人文主义"；周作人在 1919 年初的《人的文学》中译为"人道主义"；梁实秋在《现代文学论》中则将其译为"人本主义"。其实这三种译法恰是西方人文精神的三个重要阶段：人文主义——人道主义——人本主义。然而，"人道主义"原本是人文精神在一定历史条件下产生的新内涵，是人文精神的一个重要表现阶段，是强调对欧洲文艺复兴时期人文主义的新发展，但它现在在中国好像具有独立存在的含义，可被看作是人文精神的代名词。人文精神指关怀人的精神，其核心应该是人，它是对人的关切，有对普通人、平民、小人物的命运和心灵的关切，也有对人的发展和完善、人性的优美和丰富、人的意义和价值的关切。

中华人文精神就是自古以来中华民族各种文化所形成的基本的文化精神和优良品格，其影响了中华民族的文化心理、行为方式和价值理想，是中华民族传统文化中的主导性文化精神。中华人文精神以人为本,在对待人与自然的关系上表现出的"天人相与"观,有助于保持人与自然关系的和谐;在对待人与人之间的关系上表现出的人伦秩序和"安老爱幼"观,有助于保持人与人、人与社会的关系和谐;在对待人与自身的关系上表现出的自省意识、价值自觉和修身养性,避免了人的肉体和灵魂、感性和理性的分裂。自幼受中国传统文化熏陶的汪曾祺在创作中很自然地表现出这种中华人文精神,这也就是他自称为"中国式的人道主义者"的原因。

虽然汪曾祺在刚刚步入文坛时受过西方现代主义派的影响,但是进入文学创作成熟期后他毅然回归了现实主义文学传统。纵观其创作全貌,他的小说背景主要是他的家乡江苏高邮、昆明、上海、北京、张家口,因为他在这几个地方呆过。"我的以这些不同地方为背景的小说,大都受了一些这些地方的影响;风土人情、语言——包括叙述语言,都有一点这些地方的特点。"他笔下的主人公几乎都是受苦受难的下层小人物,和尚尼姑、中小学教员、卖卤味的、药店伙计、挑夫、锡匠……汪曾祺用优美的笔致给与他们中国的传统美德,寄托着作者所赞美的扶危济困、相濡以沫的中华人文精神。

汪曾祺是从情感上而不是从理性上认同儒家的"仁爱"思想的。孔子的"仁"是以亲子之爱为人类学心理情感基础的,在此基础上又提出了"爱人""泛爱众""老者安之,朋友信之,少者怀之"等仁学理想。这种讲人情的、朴素的人道主义精神,是汪曾祺小说叙述的主要情感动力。这种"仁爱"的情感倾向在汪曾祺的小说创作中,构成其作品的世俗文化氛围、人物行为方式以及人物形象的精神内核。在《大淖记事》中,我们看到锡匠们在十一子遇到水上保安队的非法殴打时,揭竿而起,自动组织起来上街游行,在世俗的情谊中生发出一种高尚的原始正义,而这种原始正义与他们日常的行为方式密切相关,他们平时相互之间从不抢生意,若是合作做活,工钱也分得很公道,这其中联系着他们对于"仁爱"的理解,在他们看来,人和人之间应该平等相处,应该以仁爱之心对待自己、善待别人、尊重自己也尊重别人。源自于儒家的"仁爱"观念,汪曾祺不仅赞扬普通人重义、重情、爱人的美好情怀,而且对于他们纯真自然的人性表现形式给予了热情的肯定,同时对那些不合理的人性形式表示了深深的同情和悲哀。《鸡鸭名家》中的炕房师傅余老五是孵小鸡的能手,孵小鸡,对他来说并不仅仅是一种技巧,而是一种高于生产之上的精神创造,在孵小鸡的那几天,他"尊贵极了,也谨慎极了,还温柔极了……他聚精会神,身体的各部全在一种沉湎,一种兴奋,一种极度的敏感中,用他的感觉判断一切,炕房里暗暗的,暖洋洋的,潮濡濡的,笼罩着一种暧昧的缠绵怀春似的异样的感觉"。余老五身上也有着一种母性,他体验着一个一个生命正在完成。在汪曾祺笔下,普通人的精神世界在劳动中闪现出庄严的光彩,人超越了劳动本身的层面,而具有了人之为人的意义和价值。与余老五不同，陆长庚虽然也有着超人的技艺，养鸭给他带来了极大声誉，他是个聪明的人，乡下的活计没有一样能难倒他，但他的运气不好，干什么都没有余老五那样幸运，日子越过越穷，安分中有了些卑屈，懒散中有了深深的绝望。在这个人物身上作者虽然也有着对其劳动技艺的赞美，但更多的是同情，寄寓着对那个时代的生活的批判。

在儒家仁爱学说外，汪曾祺一直在作品中追求和谐，"构造出一片没有权利浸染而宁静的乡土，一片近乎沉淀着淳朴和温情和谐的所在"，平淡的叙述营造了散文化小说的诗意氛围，在这种诗意的氛围中洋溢着人性的自然、健康和美。中国式的"人道主义"必然会打上封建道德规范及社会制度的烙印，其"社会性"的本质属性或多或少都约束着人的行为包括作家的创作，而在汪曾祺的作品中"人的一切生活方式都顺乎人的自然本性，自由自在，不受任何清规戒律的束缚"，也"没有用政治群体意识观察、表现生活，而是钟情于个人的经历与命运，个人的性格特点、操行甚至个人隐私"。

首先，汪曾祺作品体现着人性的和谐。他通过作品展示对自由生活的向往。《受戒》中众和尚并不受清规戒律束缚，仁山在荸荠庵里从不穿袈裟，仁海的老婆每年还要来庵里消夏，仁渡不只有一个相好的，庵里和尚们也杀生喝酒加赌博，各路生意人将这里视为娱乐场所，甚至连全县最有名的善因寺方丈都有一个十九岁的小老婆。因为作者认为："和尚也是一种人，他们的生活也是一种生活，凡作为人的七情六欲，他们皆不缺少，只是表现方式不同而已。"虽然爱情是人类生活的重要一环，但汪曾祺作品的背景时代多是对爱情讳莫如深的，但他却执著于追求美好的爱情，尽管这爱情并不是那么浪漫。《大淖记事》中巧云被水上保安队的刘号长霸占，但十一子并不嫌弃她破了身，真诚相爱使二人冒着生命危险结合在一起，周围的朋友们也给予他们很多帮助，当十一子被打后，巧云勇敢地挑起家庭生活的重担并且照顾十一子。《受戒》中明海虽然是和尚，但他和小英子两小无猜，两人顺着人性自然成长而生发出的朦胧情感，让小英子自然地说出了"我给你当老婆，你要不要？"这样的话语，明海开心地接受。

其次，汪曾祺作品体现着人与人关系的和谐。过去的故乡生活中一定有种种不合理、不平等的事物甚至有丑恶的人性存在，但经过时间的过滤，剩下的仅有美好，加之作者坚持"小说就是回忆"的创作主张，就使他的作品中谱出一曲又一曲人与人的和谐之歌。在他的小说中，人物的思想、言论、行为是自由的，一切以人性为前提，而且人与人的相互依存不带一点功利色彩。《鉴赏家》里叶三与季淘民两个人明显不是一个层次，前者是一个普通市民，后者却是当地知名画家，季淘民能将自己的画无偿地送给朋友，叶三即使家庭困顿，也不肯将画卖掉，并嘱咐儿子在自己死后将画和自己一起埋葬。他们和谐关系的基础是相互尊重、相互理解。

　　再次,汪曾祺作品体现着人与自然关系的和谐。法国人安妮·居里安女士曾经问为什么汪曾祺的作品中总有水,即使没有写到水,也有水的感觉。的确,汪曾祺的家乡高邮是一个水乡,他在水边长大,整日所见无非是水,因此"水不但于不自觉中成了我的一些小说的背景,并且也影响了我的小说的风格"。也就是说,他将人与自然环境结合起来写。《大淖记事》开头先对大淖的来历及其自然景观进行介绍,接着写轮船公司往东往西的两丛人家和其迥异的乡风,再然后是西头锡匠们的活计、家伙,他们的义气,引出十一子这个重要人物;再写东头挑夫们的生活,过年过节的乡俗,男婚女嫁的情况,引出巧云。在这样一个自然的和社会的环境中,十一子和巧云的爱情产生得合理、自然而且必然,虽然生存的艰难时时影响着小说中的人物,但美好的心灵总是战胜了贫困和丑恶。

　　综上所述,汪曾祺的作品中充满中华人文精神,体现了人性自身、人和人、人与自然的和谐,深深打动了读者,具有不可磨灭的价值。

(选自《安徽文学》2008 年第 5 期)

　　(1)概括、提炼这篇文章的主要观点和态度。

　　(2)撰写内容提要。

　　(3)撰写读书笔记,并对读书笔记做一句话的点评。

　　答案　(1)汪曾祺作品中充满中华人文精神,体现了人性自身、人与人、人与自然的和谐。

　　(2)汪曾祺的作品在很大程度上沿袭了"仁者爱人"的思想,这种"仁"的思想,作者将其理解为三方面的"和谐"。首先是人性自身的和谐,因为整个社会由人组成;其次是人与人之间的和谐,因为人不是孤立存在的,为人处世之道不得不谨慎;再次是人与自然的和谐,因为自然是人类生存所依赖的根本条件和基础背景。

　　(3)示例1:汪曾祺是从情感上而不是从理性上认同儒家的"仁爱"思想的。……这种"仁爱"的情感倾向在汪曾祺的小说创作中,构成其作品的世俗文化氛围、人物行为方式以及人物形象的精神内核。

　　点评:汪曾祺的"仁爱"思想体现在他的小说创造中,是其作品的精神内核,从思想的层面可以分析出其小说创作的根。

　　示例2:中国式的"人道主义"必然会打上封建道德规范及社会制度的烙印,其"社会性"的本质属性或多或少都约束着人的行为包括作家的创作,而在汪曾祺的作品中"人的一切生活方式都顺乎人的自然本性,自由自在,不受任何清规戒律的束缚",也"没有用政治群体意识观察、表现生活,而是钟情于个人的经历与命运,个人的性格特点、操行甚至个人隐私"。

　　点评:汪曾祺的作品顺乎人的自然本性,钟情于个人的经历与命运、性格特点、操行甚至个人隐私,这种"人道主义"非常难得。

一、教学要求对比

内容	新课标	旧课标	区别
汉字汉语规律研讨	有意识地在义务教育和高中必修阶段积累的基础上,发现与汉字、汉语有关的某些问题,结合汉字、汉语普及读物的阅读,进行归纳梳理,验证汉字、汉语的理论规律,例如汉字的表意性质、汉语的韵律特点、词汇意义的系统性、文学语言的灵活性、口语与书面语的不同特点等,提高对语言现象的理性认识。	联系语言文字应用中的现象和问题,阅读有关著作,尝试用所学的知识和方法作出解释;了解语言文字法规的有关内容,增强规范意识,学会辨析和纠正错误,提高语言文字应用的正确性和有效性。	新课标明确提出了"汉字、汉语的理论规律"这一学习目标,并给出了具体的阐释,要求明显高一些;旧课标提到了"语言文字应用的正确性与有效性",但较为笼统,缺少具体的阐释,要求要低一些。
语言热点问题研讨	针对语言生活的现实问题,例如网络语言与汉字汉语规范问题、方言与普通话关系问题、成语典故运用问题等,阅读相关论著,整理事实与数据,对社会上出现的语言热点问题展开讨论,用正确的观点与方法分析问题,得出结论,在实际语言运用中努力促进祖国语言文字健康发展。	观察语言文字应用中的新现象,思考语言文字发展中的新问题,努力在语言文字应用过程中有所创新。 拓展运用语言文字交流的途径,学会用现代信息技术辅助交流,如使用计算机进行编辑、版面设计,制作个人网页和演示文稿。	新课标列举了具体的语言热点问题,针对性强;旧课标仅提出"新现象""新问题",缺少具体的阐释,针对性较弱。 新课标强调"促进语言文字健康发展";旧课标强调"创新"。 旧课标提出了"拓展运用语言文字交流的途径",新课标在这方面没有要求。

二、对应题型示例

★　*新课标要求但旧课标不要求*

■　新课标明确提出要训练学生综合分析汉字、汉语规律的能力,提高对汉字、汉语文化的理性认识,课程实施更加强调汉字、汉语专题学习和开展汉字、汉语实践活动,而旧课标没有提及。

例1　开展一次有关"探寻姓名的意义"的专题研讨活动。

环节一　姓名寓意了解

采访父母或其他长辈,询问与姓氏有关的家族史;采访给自己取名的长辈,询问名字的寓意和取名时的情况。

环节二　姓氏研究

查阅《辞海》等工具书,从字形演变了解自己姓氏的历史,看看与自己同姓的名人有哪些,探究其与自己在家族所处地域的发展和变迁上是否有联系。如有家谱族谱,可查阅了解。

环节三　姓名探究

（1）造字探寻

判断自己的名字是哪种造字法,并在汉典网站上查询,验证自己的判断是否准确。

（2）字义衍化

试着写出自己的名字分别有几种义项,每种写出1—3个相关词语。然后查阅《说文解字》《古汉语词典》或汉字网等网站,总结名字的释义及字义衍化。

（3）姓名新悟

梳理通过采访和探究获得的对自己姓名的新的认识,试着记录下来。

（4）有名有字

根据名与字的几种关系,给自己取一个字。

（5）成果分享

将自己的成果整理成文,或做成PPT,在班级分享会做报告;还可以在家族聚会时分享给同姓的族人。

解析　汉字是表意文字体系,由汉字构成的姓名是一扇窗,通过这扇窗,我们可以发现极为丰富的信息。每个姓氏其实都有自己的发展史,学生通过查阅文献与实际走访,探寻姓氏背后丰富的历史文化内涵;在具体的汉字情境中接受任务,从字形、字义、汉字的演变史等多个角度探寻姓名的意义,最后形成并分享自己的研究成果,充分体现新课标强调的"实践性""综合性"特征。

例2 请将空白处填写完整。

许慎在《说文解字》中提出,汉字"美"取"羊大为美"的构形义理。有学者认为人们最初的"美"的意识是对羊的一种综合感受:第一,视觉上,对于羊的肥胖强壮的姿态的感受;第二,味觉上,对于羊肉肥厚多脂的官能性感受;第三,触觉上,_____;第四,_____。这些感受归根结底来源于生活,包含着人们的爱好、喜悦、愉快等,可以叫作幸福感吧。

解析 此题以"美"为例,引导学生从多个角度审视汉字的构形特点,增强对汉字的理性认识。

答案 期待羊毛羊皮作为防寒必需品,从而产生一种舒适感;经济上,预想羊具有很高的经济价值,从而产生一种喜悦感。(言之成理即可)

例3 江浙一带的菜市场,猪舌头不叫舌头,因"舌头"与"蚀头"(即亏本)音近,而改称"赚头"。与这种现象相似的是(　　)(多选)

A. 日本大阪"地铁"写成繁体"鐵"字,而不用简体"铁"(二字在日本通用),因简体字"铁"是由"失""金"二字组成,地铁"失金",对地铁公司来说不吉利。

B. 打鱼人家因怕出海产生翻船事故,吃完鱼的一面后不能说"翻面"。

C. 台湾基隆,原名鸡笼,后改名为基隆。

D. 酱菜广告的广告语为"酱(将)出名门"。

解析 此题引导学生关注"避讳"与"谐音"两种不同的语言现象,并要求学生加以辨析,学会区分。

答案 AB。A、B项是避讳,C、D项仅仅是谐音。

例4 一姓潘的男青年娶了姓何的姑娘。喜庆当日所贴的婚联颇有特色,该联采用拆字对,上联将男方的姓氏"潘"拆分成"有田有米有水"。请你依据拆字对的要求对女方的姓氏也进行拆分作为下联,并注意符合结婚的情境和对联仄起平收的要求。

上联:嫁给潘家郎有田有米有水

下联:_____

横批:潘何联姻

解析 此题创设具体的任务情境,通过拆字对的形式引导学生认识汉字的构形与表意特点。

答案 娶来何氏女添人添口添丁。(符合情境及对联要求即可)

例5 方言在词汇、语音和语法上保留了一部分古汉语的特点。在粤语地区,人们说到"遗"时,发音为"wei",这与古汉语中"遗"作"给"之意时的发音一致。而"仆街"中的"仆"在古汉语中就是"倒下"之意,"仆"在成语"前仆后继"中依然保留了这条义项。在你熟悉的方言中,你能发现其中所保留的古汉语痕迹吗?可以从词汇、语音、语法等方面展开论述。

解析　此题引导学生发现并思考方言与古汉语之间的关系,探寻汉语言发展的轨迹,在具体的任务情境中发现方言蕴含的无穷魅力。

答案　①词汇上:粤语地区把"吃火锅"说成"打甂炉","甂"在古汉语中是指一种阔口而扁矮的陶器,与炉同为厨具;粤语中把"遇到麻烦""麻烦"说成"濑淅","濑淅"在古书中形容衣衫尽湿在水中行走的声音;粤语常于句末用语气助词"忌"(现常常写作"嘅"),在《诗经·国风·郑风·大叔于田》中有"叔善射忌,又良御忌"的表述。②语音上:标准粤语中"我"和"饿"发音相近,有舌根鼻音声母"ng-",这是保留了中古疑母的原始发音;粤语中"舅"字声调仍为上声,与"九"和"有"的声调无异,保留了古汉语的声调。③语法上:粤语地区把"你先走"说成"你走先",把"怪不得"说成"唔怪之得"或"怪唔之得",把"公鸡"说成"鸡公"等,这是受古汉语修饰成分后置的语法特点的影响。

例6　学校成立了若干学生社团,请你从下列选项中选出三副内容适合的对联,分别送给戏剧社、文学社和摄影社,以示祝贺。

①现出庐山真面目,留住秋水旧丰神。②藏古今学术,聚天地精华。③常向秋山寻妙句,又驱春色入毫端。④天涯雁寄回文锦,水国鱼传尺素书。⑤看我非我,我有我,我也非我;装谁像谁,谁装谁,谁就像谁。

戏剧社:_____　文学社:_____　摄影社:_____

解析　此题设计鲜活的任务情境,引导学生在实践中感受对联这种传统的语言形式蕴含的无穷魅力。

答案　戏剧社:⑤　文学社:③　摄影社:①

例7　请根据下文,将对联补充完整。

古时候有一副名对:墙上芦苇,头重脚轻根底浅;山间竹笋,嘴尖皮厚腹中空。你知道它的作者是谁吗?他就是明代的翰林学士解缙。说起他,可是对对子的好手,民间流传着许多关于他对对子的趣事。相传解缙出身贫寒,却自幼聪明好学,被誉为"神童"。他家对面是曹尚书的府邸,其中有一大片竹园,于是他借此景在家门口书写了一副春联:门对千翠竹,家藏万卷书。

曹尚书看到了很不高兴,心想:一个穷小子,写春联竟然要沾我的光。于是命家人把竹子砍去一截。解缙见状不慌不忙,在春联两句末尾各加了一个字,变成了:门对千翠竹__,家藏万卷书__。

曹尚书更加生气,命人将竹子连根拔掉,心想这下解缙没辙了吧。没想到解缙又在两句末尾各加了一个字,变成了:门对千翠竹____,家藏万卷书____。

这下,这个曹尚书气得没有话了,这个故事也成为一个趣话流传至今。

解析　生动的故事既承载着丰厚的历史文化,又提供了生动的生活情境,妙趣横生的故事与灵活多变的对联的结合充分展现了对联这种传统的语言形式蕴含的特点与美感。

答案 门对千翠竹<u>短</u>,家藏万卷书<u>长</u>。门对千翠竹<u>短无</u>,家藏万卷书<u>长有</u>。

例8 请你根据模拟的场景对出下联。

(1)高考现场,寒窗十二载的学子正奋笔疾书,巡考员面对此情此景,想到一句上联,请你对出合适的下联。

上联:十载寒窗天道酬勤 下联:_____

(2)你去参加爷爷的七十大寿。在寿宴上,大家纷纷祝福老爷子"福如东海,寿比南山",爸爸决定送给爷爷一副对联,但只想到上联,请你帮忙对出下联。

上联:体健身强宏开寿域 下联:_____

(3)今年是明明的班主任李老师执掌教鞭的第三十个年头,从青葱岁月到鬓染风霜,这位老者用他的兢兢业业诠释了"教师"二字。明明想要送给敬爱的李老师一副对联,请你帮忙对出下联。

上联:执掌教坛垂三十载 下联:_____

解析 针对生活实际,创设情境,引导学生在对对联的实践活动中把握对联的基本特点,注重对联的实际运用,力求得体。

答案 (1)百万学子壮志凌云 (2)孙贤子孝欢度晚年 (3)栽培桃李满两千株

☆ 旧课标要求但新课标不要求

■ 旧课标明确提出拓展运用语言文字交流的途径,强调学会用现代信息技术辅助交流,而新课标没有明确的要求。

例9 近年来,继"博客""播客""闪客""换客""彩客"等之后,网络空间又悄然出现了专门以"晒××"为能事的又一新客——"晒客"。根据语境,仔细揣摩下列句子中"晒"的含义。

① 房价飞涨数字历历在目,业主攀比,网上"晒"房价。

② 记者近日在青岛一家房产论坛上发现,一些小区业主群里正流行"晒房价",新老业主在网上公布出买下房子的价格,相互进行比较。

③ 父母上网"晒"孩子周末安排。

解析 此题关注网络空间的热词,引导学生针对不同的情境学会辨析,准确把握网络热词的内涵。

答案 ① 炫耀、夸耀、显摆 ② 共享、分享 ③ 公开、展示

例 10 仔细阅读以下材料,按要求答题。

消息:2010 年 11 月 7 日《南方日报》讯:广州公共交通不再全民免费了。昨晚 9 时 30 分,广州市政府新闻办举行新闻发布会,宣布从明天零时起转变亚运期间公共交通优惠方式。因近日搭乘公交人数激增,而公交运力有限,故将全民免费改为发放现金交通补贴,全市地铁(包含广佛线)、公交线路及轮渡恢复收费。广州市交委有关负责人表示,对给市民造成的不便表示歉意,希望市民给予更多的谅解和支持。

背景:2010 年 10 月 27 日广州市正式公布:在亚运会及亚残运会机动车单双号限行的 46 天里(11 月 1 日至 29 日、12 月 5 日至 21 日),剔除 13 个双休日和 3 天新增假期后的 30 个工作日里,市民都可免费享受公共交通服务。全市所有公交、地铁、水巴可免费搭乘。广州市交委表示,无论是本地人还是外地人,不需要刷卡或投币,也不需要出示任何身份证明,即可免费乘车。

消息一出,即引起网络热议,网友们纷纷发表了自己的看法,以下是部分网友的意见,请你分别以网友 3 和网友 4 的名义,针对这一新闻事件另选角度写两条评论,注意用语文明。

网友评论

网友 1:现金补贴更实惠,赞一个!

网友 2:标新立异,只想政绩,好大喜功,不顾后果,太儿戏了!

网友 3:＿＿＿＿＿＿＿＿＿＿＿＿＿＿＿＿＿＿＿＿＿＿＿＿＿＿

网友 4:＿＿＿＿＿＿＿＿＿＿＿＿＿＿＿＿＿＿＿＿＿＿＿＿＿＿

解析 此题关注网络评论,引导考生学会转换角度思考问题,正确运用网言网语,注意用语得体,文明交流。

答案示例 ①知错能改,善莫大焉!②朝令夕改!又是拍脑袋的产物吧,望政府科学决策,三思而行!③市民素质有问题,太爱贪小便宜,公交免费,还不挤爆?④发现问题,及时调整,主动致歉,有诚意,有进步!

✵ **新课标和旧课标都要求但要求不同**

■ 新课标和旧课标均关注语言文字的规范问题,新课标针对"网络语言与汉字汉语规范"等热点问题,要求以专题研讨的方式促进语言文字的健康发展,而旧课标则要求提高语言文字应用的正确性与有效性。

例 11 开展一次"网络语言与汉语规范"专题研讨活动。

活动准备:做好资料搜集整理工作,以电子文档的形式记录日常生活和网络、影视作品中的一些网络语言的使用情况,然后通过班级微信群或 QQ 群展示并初步交流。

环节一 "晒"网言网语

以小组为单位,交流分享自己搜集的网言网语,也可以展示自己创作的最得意的网言网语。

环节二 "识"网言网语

采用小组合作的形式,对网言网语流行的原因、特点等进行探究(任选一话题)。

环节三 "辨"网言网语

多方互动,自由重组,形成观点,收集材料,展开辩论。

环节四 "用"网言网语

小组合作,研究、推敲如何规范使用网络语言,学习主流媒体如何使用网言网语,用网言网语拟写校园动态。

解析 网络语言表达形式新奇独特,传播快速便捷,有助于表达者更突出地展现自我,在自媒体时代独具魅力。汹涌澎湃的网络语言正逐渐改变中国人的语言习惯,对传统的汉语产生较大的冲击,对不同代际群体的交流造成很大的困扰。如何规范使用网言网语?本专题活动带有较强的体验性、实践性与思辨性,引导学生理性思考网络语言的利与弊,培养学生规范使用网络语言的意识,在实际写作的过程中提升恰当使用网络语言的素养。

例 12 网络词语"+U"在现代汉语中的规范写法为(   )。

A. +油　　　　B. 加 U　　　　C. 努力　　　　D. 加油

解析 此题引导学生警惕网络词语的随意生造现象,分辨不符合汉语规范的"网言网语"。

答案 D

例 13 在纷繁的网络世界中,语言真可说是被"玩坏"了!"玩坏"这个网络词语,本身也被"玩坏"了。说说下列句子中"玩坏"一词的含义。

(1) 使用了这个软件,感觉我把自拍玩坏了。"我"成了陌生的"我"。

(2) 加了不明飞行物和科幻片中怪兽的雾霾天被网友们玩坏了,让人脑洞大开。

(3) 一只会做出人类一样"沮丧"表情的鹦鹉,感觉被玩坏了。

解析 同一个网络词语在不同的语境中含义并不相同。此题提醒学生在使用网络词语时应先弄清楚其丰富的内涵,不可稀里糊涂不经推敲胡乱使用。

答案 (1)说起来是"玩坏",但其实在照片主人看来,这个"我"比真实的"我"更可爱。(2)"玩"在这里涵盖了软件制图、画面剪辑等具体的操作;"坏"则是"玩"得尽兴而产生的奇特幽默等效果。(3)"玩坏"是指超常的逗弄宠物的行为。因为鹦鹉具有了本该人才有的沮丧的表情而让人哭笑不得。

例14 《网络汉语词典》评选出了年度十大"网红"热词,"假"同学因未能进入排行榜非常生气,说:"我这个高频词都没有收入在内,这是一次假评选。"你赞同它入选吗? 回顾自己的生活,写两个关于"假"的句子。

示例:(考试不好就骂我)我可能遇到了个"假"妈妈。

解读:妈妈是"真"的,由于"妈妈都关爱自己的子女"这一心理预期没有实现,就用"假"来形容。

解析 "假"这个词在网络空间被赋予了新的"意味",能够更加真切地表达说话者的内心感受,本题引导学生在恰当的情境中使用"假"这一网络词。

答案 (1)(成绩很差)我可能进行了假复习。/(那么点收入)我可能收到了假工资单。

解读:这两句中"复习""工资单"都是真的,不是假的,它们被称为"假"的共同之处是因为"效果不佳"。

(2)我可能吃了一顿假饭,怎么肚子还那么饿呢? /我可能过了一次假生日,为什么一个红包也没有收到呢?

解读:这里"假"明显带有一种自我调侃的味道。

例15 "正能量"这一物理学名词,因为在网络上的广泛使用而被赋予了新的义项,举例说说"正能量"的新含义。

解析 此题引导学生关注网络热词,准确理解并表达网络热词的内涵。

答案 "正能量"的新义项指"积极的、健康的、催人奋进的、给人力量的事情"。在网络上传递正能量,成为一种风尚。"做一个正能量的人",成为许多人的生活格言。

例16 根据下面这段文字的内容,将对话补充完整。

王老师正在批改作文。突然,一段不知所云的话让她一头雾水:"介锅太阳光走召弓虽,只能呆在家里。74偶了,偶只能对太阳大呼:'表酱紫! 人家热死了捏! 就让偶开空调8!'"她从教数十年,从来没见过这样的句子,愣是一个字也没看懂,简直无法相信。第二天,王老师便叫来了语文课代表小范同学,小范同学很快帮助王老师翻译了这段话:"这个太阳光超强,只能呆在家里。气死我了,我只能对太阳大呼:'不要这样! 我热死了! 就让我开空调吧!'"王老师听后,惊讶得下巴都要掉了。天哪! 这还是汉语吗?

语文课时,王老师对同学们说:"作文禁止使用奇形怪状的网络语言。"

小网同学抗议道:(1)_____

王老师生气极了,但一时也找不出理由反驳,便说:"明天,我们开展一场辩论赛,如果支持网络语言的同学输了,今后大家就不能使用网络语言!"

第二天,倡议使用规范的现代汉语的小范同学和积极主张使用网络语言的小网同学进行了激烈的舌战。教室里充斥着火药味儿。

小网同学先发制人：(2)_____

话音刚落，同学们便欢呼鼓掌。

小范同学从容登台：(3)_____

言毕，台下一时寂静。突然，掌声雷动。

王老师起身说：(4)_____

解析 此题创设了对话交流的具体情境，给对话的相关方预设了立场，但留下了较大的说话的空间。以辩论的形式围绕网络语言与汉字、汉语规范问题展开深度交流，体现了新课标注重在实际语言运用的过程中促进语言文字健康发展的理念。

答案 (1)"网络语言符合时代潮流，深受我们大家喜爱。它生动有趣，简单明了。它让我们'我手写我心'，喜欢上了写作。"

(2)"网络早已成为了我们生活中不可或缺的一部分。所谓'适者生存'，我们年轻人要有时代使命感，积极接纳、使用网络语言，一味回避只能被加速淘汰。在讲究速度的现代社会，网络语言带来多少便捷?"

(3)"在古老的东方大地上，有一位老人曾经衣着端庄、面色红润，后来，他却衣衫褴褛，孤独地躺在阴暗的角落里，他的名字是'汉语'。今天，有人为了追求标新立异，将汉语撕碎，再加上一些稀奇古怪的符号，派生出一些不知所云的东西。新新人类创造出的'火星文'，已将汉语折磨得千疮百孔。汉语真的要毁在我们这一代人手里吗?"

(4)"网络语言并不一定完全适用于学习和生活中的任何情况。当然，也不完全是糟粕。我们应该用学过的'拿来主义'的方法：去其糟粕，取其精华。所以我想和同学们约定：至少不要在书面语中使用，好吗?"

本学习任务群是在"中华传统文化经典研习"的基础上,选择中华传统文化的相关内容组成专题进行深入研讨,旨在加深对传统文化的认识和理解,增强传承、弘扬中华优秀传统文化的自信心、责任感。这是对中华传统文化学习的升级版,专题性更强,学习更深入,是对语文学科的核心素养更高层次的培养和提升。

一、教学要求对比

内容	新课标	旧课标	区别
学习对象	选读体现传统文化思想精华的代表作品,参阅相关的研究论著,确定专题,进行研讨。	选读经典名著和其他优秀读物,与文本展开对话。	新课标强调了选读研究的对象是"体现传统文化思想精华的代表作品",强调了对作品的专题研讨;旧课标的选读范围大,没有设置中华传统文化的专题学习。
学习目标	加强理性思考,增进对中华文化核心思想理念和中华人文精神的认识和理解,体会中华文化创造性转化和创新性发展的趋势。	学习中国古代优秀作品,体会其中蕴涵的中华民族精神,为形成一定的传统文化底蕴奠定基础。	新课标侧重于通过深层次的理性思考,认识和理解中华文化的核心思想理念和中华人文精神,体会中华文化创造性转化和创新性发展的趋势。旧课标侧重于为传统文化底蕴的形式奠定基础,要求层次不同。
学习方式	阅读应做读书笔记。围绕中心论题进行有准备的研讨,围绕专题选择合适的方式展示探究的成果。	用历史的眼光和现代的观念审视古代诗文的思想内容,并给予恰当的评价。	新课标明确要求在充分准备的基础上展开研讨,并用合适的方式展示学习成果,侧重于学习方法;旧课标要求"给予恰当的评价",侧重于学习理念。

内容	新课标	旧课标	区别
学习能力拓展	进一步提高文言文阅读能力。尝试阅读未加标点的文言文。阅读古代典籍,注意精选版本。	借助工具书和有关资料,读懂不太艰深的我国古代诗文。	新课标对文言文的阅读能力提出了更高的要求,以阅读未加标点的文言文作为阅读检测手段,文言文阅读能力要求更高;旧课标侧重于培养阅读浅易古代诗文的能力。

二、对应题型示例

★　新课标要求但旧课标不要求

■　新课标要求选读体现传统文化思想精华的代表作品,参阅相关的研究论著,确定专题,进行研讨,旧课标未作专题阅读与研讨的要求。

《论语》专题阅读与研讨

　　本专题阅读以感受《论语》的语言魅力为基础,逐步深入分析其中丰富生动的人物形象群,感受孔子独特的教育艺术,探究《论语》的核心思想,体会《论语》对中国传统文化巨大、深远的影响。学生的自主学习和小组合作探究是本专题阅读与研讨的主体学习方式,以教师适时点拨引导作为辅助,学生进行阅读、研讨、探究的学习,最后以专题小论文的形式呈现研究成果。

　　例 1　赏析《论语》的语言精华,辑录 15 个出自《论语》的成语,并摘抄 5 条名句。

　　解析　本题设计旨在引导学生阅读文本,做读书笔记,这是深入研讨作品的基础,也是核心素养中"文化传承与理解"目标落实的基础。

　　答案

　　成语:不亦乐乎(《论语·学而》)　巧言令色(《论语·学而》)　温故知新(《论语·为政》)

　　　　尽善尽美(《论语·八佾》)　讷言敏行(《论语·里仁》)　文质彬彬(《论语·雍也》)

　　　　举一反三(《论语·述而》)　卓尔不群(《论语·子罕》)　春风沂水(《论语·先进》)

　　升堂入室(《论语·先进》)　博学笃志(《论语·子张》)　有教无类(《论语·卫灵公》)

　　危言危行(《论语·宪问》)　和而不同(《论语·子路》)　求仁得仁(《论语·述而》)

　名句：① 德不孤,必有邻。——《论语·里仁》

　　　　② 君子食无求饱,居无求安,敏于事而慎于言,就有道而正焉,可谓好学也已。——《论语·学而》

　　　　③ 益者三友：友直、友谅、友多闻。——《论语·季氏》

　　　　④ 躬自厚而薄责于人,则远怨矣。——《论语·卫灵公》

　　　　⑤ 君子成人之美,不成人之恶。——《论语·颜渊》

　例2　探析《论语》语言具有鲜活生命力的原因。

　解析　本题的设置围绕"加强理性思考,增进对中华文化核心思想理念和中华人文精神的认识和理解"这一要求。《论语》的语言具有鲜活的生命力,生动地传递着中华文化的生命力和人文精神,学生探析此问,能感受到中华文化生生不息的生命力,呼应了核心素养中的"文化的传承与理解"。

　答案　① 孔子和他的弟子具有巨大的人格魅力,人格魅力影响下的语言也具有巨大的魅力。

　　②《论语》语言和孔子师徒各自的思想、性格密切相关,体现了明显的个性化特征,这是《论语》语言魅力的最突出表现。

　　③《论语》语言雅俗得当,大量地保存了孔子及其弟子的口语对话,生活气息浓郁,读来宛如老师与学生面对面的对话聊天,真情实景的感觉特别强烈,极富生活气息和人情味;同时《论语》的语言又不失古朴典雅,整体上雅俗兼得,相映成趣。

　　④ 押韵的运用、节奏的安排以及修辞格的巧妙使用,使得《论语》的语言明晰悦耳、琅琅上口,使其表现形式具有整齐美、和谐美、节奏美,充分体现了语言的美感。

　例3　《论语·先进》中记载了孔子十位弟子的特点：德行：颜渊、闵子骞、冉伯牛、仲弓;言语：宰我、子贡;政事：冉有、季路;文学：子游、子夏。"这十位弟子被后人称为"孔门十哲"。请结合《论语》内容,体会"孔门十哲"的人物形象,从人物群像图中选择一个,用文字进行描绘(200字左右)。

　解析　新课标要求"阅读应做读书笔记。围绕中心论题进行有准备的研讨,围绕专题选择合适的方式展示探究的成果"。本题引导学生以"孔门十哲"为中心论题,以文字描绘的形式进行成果展示。

　答案　子路刚直急躁、争强好胜、品性粗鄙,但他有临危不惧之勇气,有在困境中对老师不离不弃之忠诚,有办事秉正、言行守诺的风骨。如《论语·颜渊》中有："子路无宿诺。"孔子对子路不耻于恶衣、心守道学的操守由衷赞赏，对他寄予了一位师者对弟子的善意期待。比如《论语·先进》中记载了孔子对子路的评价："由也升堂矣，未入于室也。"在孔子的悉心教导下，子路的才能得以提升，成长为"可使治其赋"的人才，也成为孔子情感上的重要精神依靠。

例4　宰我是《论语》中一个生动的人物形象，在《论语》中常以反面的形象出现，为何《论语》的编者会把宰我列为"孔门十哲"之一，且居于"言语"科第一位？

解析　本题设计着眼于《论语》中一个看似矛盾的现象——看似反面形象的宰我被列为"孔门十哲"之一，解读探究此矛盾能以此深入了解《论语》的内涵，从更深层次了解人物形象，实现核心素养中的"思维发展与提升"。

答案　① 司马迁说宰我是"利口辩词"，孔子对宰我的评价是"宰予之辞，雅而文也"，认为他是"言语"科的第一名，钱穆先生认为宰我"擅长使命应对"。孔子游列国，众弟子中能有这样"擅长使命应对"的人，是很重要的。

② 宰我善于辞辩，这反映了他对儒家思想深入的思考和旺盛的求知欲。他不拘礼法、随心所欲，敢于质疑老师，这对孔子其实是一种帮助，让老师更严谨。

③ 宰我思维的活跃性和思想的深刻性值得注意。他不但能言善辩，而且善于发问，道出心中疑惑，并且由这种善于发问的精神所引发的一些师徒问答对后世有重要的启发意义。这种发问的精神也同样成为现代人所学习的榜样。

④ 孔子对优秀弟子进行分类的时候，并没有否认宰我"善为说辞"的专长。宰我也曾是"孔子困于陈蔡之间"时的"患难之徒"。孔子对其徒称其所长，指其所短，宽严结合，循循善诱。

⑤ 虽然被作为反面教材，但宰我经过不断精进，智足以知圣人。当年那个朽木不可雕也的宰我，后来用自己的能力向孔子证明了他不是一块朽木，而是一块良才璧玉。而宰我看似唱反调的提问，进一步丰富了孔子的仁学。宰我能够勇敢地发出自己的声音，他是孔子弟子中少见的个性张扬的勇者。

例5　阅读《论语》，总结分析孔子是如何运用表扬的教育艺术来培养学生的。

解析　孔子的教育艺术是《论语》的重要文化价值体现，对中国传统文化产生了深远广泛的影响，本题的设计引导学生以深入阅读作品为前提，以分析表扬的教育艺术作为切入点探究孔子的教育艺术，呼应了核心素养中的"文化传承与理解"。

答案　(1) 用之合理得其理喻。孔子明白人生之初如璞玉之待雕琢，要想去瑕留瑜，使学生尽快努力地达到知与行的统一，就要引导学生明其事理，行以正道。因此孔子多以正面之理晓之，促进学生形成心守正道、笃定前行的信念。

(2) 用之合时得其时效。孔子明白表扬需用之合时，方得其效，或应时为之,或延时为之,这取决于表扬者对时效分寸的把握,对教育行为节奏的掌控,实为谙其奥妙者方能为之。

(3) 用之合方指向精准。孔子知道表扬之法的运用,乃有其可行之方法与技巧,忌无的放矢、滥而用之和流于表面的单薄,而应合乎方向,即有明确的指向性和针对性,总而言之即孔子能做到"对事对人并举"。"对事"指对所表扬之事予以肯定的深层理由;"对人"是因人而异,因人而褒,因材施教,根据学生不同的个性特点,利用表扬来扬其个性之长,补其个性之短,使教育对象的个性逐步完善提升。

(4) 用之合情动其心性。孔子遵循"有教无类"的教育之道并一以贯之,是故无贵无贱、无长无少,"自行束脩以上,吾未尝无诲焉",孔子弟子中有"甘居陋巷"的颜回、"卞之野人"子路、"家累千金"的子贡、"缧绁之中"的公冶长、"多言善躁"的司马牛……学生的品性丰富多样,文化修为参差各异,需见其不贤者而改之,更需要褒其善者而扬之,用黾勉的力量动其心性,"曾益其所不能"。

例6 拓展学习:用"/"给下面的文段做好句读,并理解文段的意思。

孔子之去鲁凡十四岁而反乎鲁鲁哀公问政对曰政在选臣季康子问政曰举直错诸枉则枉者直康子患盗孔子曰苟子之不欲虽赏之不窃然鲁终不能用孔子孔子亦不求仕孔子以《诗》《书》《礼》《乐》教弟子盖三千焉身通六艺者七十有二人如颜浊邹之徒颇受业者甚众子曰弗乎弗乎君子病没世而名不称焉吾道不行矣吾何以自见于后世哉乃因史记作《春秋》上至隐公下讫哀公十四年十二公约其文辞而指博故吴楚之君自称王而《春秋》贬之曰子践土之会实召周天子而《春秋》讳之曰天王狩于河阳推此类以绳当世贬损之义后有王者举而开之《春秋》之义行则天下乱臣贼子惧焉孔子在位听讼文辞有可与人共者弗独有也至于为《春秋》笔则笔削则削子夏之徒不能赞一辞弟子受《春秋》孔子曰后世知丘者以《春秋》而罪丘者亦以《春秋》孔子病子贡请见孔子方负杖逍遥于门曰赐汝来何其晚也孔子因叹歌曰太山坏乎梁柱摧乎哲人萎乎因以涕下后七日卒孔子年七十三以鲁哀公十六年四月己丑卒

——节选自《史记·孔子世家》

解析 本题围绕新课标学习要求中的"尝试阅读未加标点的文言文"设计。"句读"即断句,断句能力是阅读古籍的基本能力,阅读未加标点的文言文更接近作品的原生状态和本貌。"尝试阅读未加标点的文言文"是对专题学习能力的锻炼和提升。

答案 孔子之去鲁凡十四岁而反乎鲁。

鲁哀公问政,对曰:"政在选臣。"季康子问政,曰:"举直错诸枉,则枉者直。"康子患盗,孔子曰:"苟子之不欲,虽赏之不窃。"然鲁终不能用孔子,孔子亦不求仕。

孔子以《诗》《书》《礼》《乐》教，弟子盖三千焉，身通六艺者七十有二人。如颜浊邹之徒，颇受业者甚众。

子曰："弗乎弗乎，君子病没世而名不称焉。吾道不行矣，吾何以自见于后世哉？"乃因史记作《春秋》，上至隐公，下讫哀公十四年，十二公。约其文辞而指博。故吴楚之君自称王，而《春秋》贬之曰"子"；践土之会实召周天子，而《春秋》讳之曰"天王狩于河阳"。推此类以绳当世。贬损之义，后有王者举而开之。《春秋》之义行，则天下乱臣贼子惧焉。

孔子在位听讼，文辞有可与人共者，弗独有也。至于为《春秋》，笔则笔，削则削，子夏之徒不能赞一辞。弟子受《春秋》，孔子曰："后世知丘者以《春秋》，而罪丘者亦以《春秋》。"

孔子病，子贡请见。孔子方负杖逍遥于门，曰："赐，汝来何其晚也？"孔子因叹，歌曰："太山坏乎！梁柱摧乎！哲人萎乎！"因以涕下。后七日卒。孔子年七十三，以鲁哀公十六年四月己丑卒。

学习任务群 15　中国革命传统作品专题研讨

开展本专题研讨时,要注意选择典型、有价值的学习资源,如以人物、时间、事件、主题等为中心,选择能形成专题的学习资源,在"中国革命传统作品研习"的基础上,进行更深入的学习,进一步了解中国革命、建设和改革的伟大历程,以革命传统和革命精神激发学生爱党、爱国、爱社会主义的情感,以进一步提高研究学习的能力。

一、教学要求对比

内容	新课标	旧课标	区别
诗文专集	精读一部老一辈无产阶级革命家的诗文专集,参阅传记和相关研究文献,围绕作品的思想内涵和语言风格确定具体的研究专题;开展合作学习,撰写专题研究报告,组织专题报告会,深入理解老一辈无产阶级革命家的革命精神和人格品质,感受思想和语言的力量。	阅读古今中外优秀的诗歌、散文作品。培养鉴赏诗歌和散文作品的浓厚兴趣,丰富自己的情感世界,养成健康高尚的审美情趣,提高文学修养。	新课标研讨的对象是"一部老一辈无产阶级革命家的诗文专集",阅读的方式是"精读",研究专题需围绕"作品的思想内涵和语言风格","深入理解"强调了专题学习的深刻性。旧课标没有设置中国革命传统作品专题研讨对革命家诗文专集进行专题学习,而是将这一学习内容融入到诗歌和散文的学习中。
长篇文学作品	精读一部反映党领导人民进行革命、建设、改革伟大历程的长篇文学作品,参阅相关研究文献,理解作品的时代背景、思想内涵和艺术特点。结合具体作品,选择一两个角度,撰写文学评论,组织专题研讨会,深入理解革命志士以及广大群众为民族解	选读经典名著和其他优秀读物,与文本展开对话。通过阅读和思考,领悟其丰富内涵,探讨人生价值和时代精神,以利于逐步形成自己的思想、行为准则,树立积极向上的人生理想,增强为民族振兴而努力的使命感	新课标要求的阅读方式是"精读",并提出了更高的学习要求,"撰写文学评论,组织专题研讨会"突出了专题性和语文素养的提升。旧课标没有设置中国革命传统作品专题研讨对长篇文学作品进行专题学习,而是将这一学习内容融入到经典名著和其他优秀读物

内容	新课标	旧课标	区别
	放事业英勇奋斗、百折不挠的革命精神和革命人格,学习在中国特色社会主义建设过程中涌现的英雄事迹,感受其无私无畏的爱国精神。	和社会责任感。	的学习中,以此实现相应的阅读目标。
学习方式	学习整理研究资料的方法,做读书笔记和摘要;结合研究专题,进行调查、访问,提升思想认识水平和语言运用能力。	尝试进行诗歌、散文的创作,组织文学社团,展示成果,交流体会。 留心观察社会生活,丰富人生体验,有意识地积累创作素材,尝试创作小说、剧本,相互交流。	新课标要求能"整理研究资料",通过专题学习,达到提升思想认识水平和语言运用能力的目标,对思想和语文能力同时提出了要求。旧课标把相关的学习内容融入到诗歌、散文、小说、戏剧的学习中,着眼于相应体裁的作品学习方式的拓展。

二、对应题型示例

★ 新课标要求但旧课标不要求

■ 新课标要求"精读一部老一辈无产阶级革命家的诗文专集",而旧课标未作要求。

　　本专题设计以毛泽东诗词为研究对象。毛泽东作为缔造新中国的重要领导人,在中国现代史乃至世界现代史中都有重大的影响力,是伟大的革命家、政治家、军事家、思想家,同时他在文学艺术领域也取得了卓越的成就,尤其是在诗词领域独树一帜。毛泽东的诗词继承了传统诗词中现实主义和浪漫主义的风格,格调豪迈、想象奇特、气势恢宏、意境高格,形成了鲜明的风格特点,洋溢着坚韧的革命现实主义和奔放自信的革命浪漫主义气息。毛泽东用如椽之笔和浑厚的艺术力记录和再现了中国革命和建设的伟大历程,在今天新时代里依然散发着独特的魅力和文学的光辉,是革命传统作品经典中的经典。

　　例1　月寄人间无限情——读毛泽东诗词中的咏月章句

（1）学习内容

读毛泽东《归国谣·今宵月》《虞美人·枕上》《贺新郎·别友》《忆秦娥·娄山关》《五律·喜闻捷报》《蝶恋花·答李淑一》《水调歌头·重上井冈山》《念奴娇·井冈山》。围绕所读的8首诗词,利用图书馆、互联网查阅相关注释、评论等资料,加深和拓展对作品的理解。

（2）专题研究过程

学生自主阅读这8首诗词,完成以下学习任务:

① 画出8首诗词中咏月的章句,结合诗词内容,体会诗词中的"月"所寄予的情感,坚持在研读的过程中勤查资料,勤做笔记。

② 学习小组合作,以讲述、交流、笔记等形式记录学习过程的成果,最后以"月寄人间无限情——读毛泽东诗词中的咏月章句"为题,学习运用评点方法,记录自己的感受和见解,完成专题研究小论文。

（3）小论文示例

月寄人间无限情——读毛泽东诗词中的咏月章句

黄奇志

有哲人说,凝望月亮是一门古老的艺术。在古希腊神话中,月亮女神阿尔忒弥斯是太阳神阿波罗的孪生妹妹,但她的故事,绝对没有中华民族关于月亮的种种神话及传说那么有神那么有情。据统计,《全唐诗》和《全宋词》中,带"月"的诗词共有16 044首,占总量的1/4。诗仙李白的上千首诗词中,涉"月"诗竟达400多首。咏月寄情,是中国文人的优良传统,作为一代伟人的毛泽东,也不例外。月亮,这个地球人最亲近的天体,也寄托着毛泽东的无限情思。

目前我们从已公开的国家出版物中,所见到的毛泽东最早的咏月诗是作于1918年初的《归国谣·今宵月》,全文如下:"今宵月,直把天涯都照彻。清光不令青山失,清溪却向青滩泄。鸡声歇,马嘶人语长亭白。"毛泽东作此词时,年仅25岁。据专家考证,此词为毛泽东与蔡和森等在1918年底游历洞庭湖滨,了解社会情况,读"无字书"时作,是他们游历生活的写照。"直把天涯都照彻",也可以说是青年毛泽东胸怀天下的艺术写照。

我们所见毛泽东咏月诗词第二首,是他于1921年28岁时写给爱妻杨开慧的《虞美人·枕上》。词全文:"堆来枕上愁何状,江海翻波浪。夜长天色总难明,无奈披衣起坐数寒星。晓来百念皆灰烬,剩有离人影。一钩残月向西流,对此不抛眼泪也无由。"1920年底毛泽东与杨开慧结婚,婚后毛泽东因革命工作东奔西走,小两口聚少离多,欢聚之时即是离别之时,因此,对着"一钩残月","不抛眼泪也无由"! 谁敢说一代伟人不是多情丈夫! 第三首是作于1923年的《贺新郎·别友》,词中吟道:"今朝霜重东门路,照横塘半天残月,凄清如许。"亦是写给杨开慧的,对着"半天残月",表明心迹:"过眼滔滔云共雾,算人间知己吾和汝。"

　　第四首，是有名的《忆秦娥·娄山关》，作于 1935 年 2 月，作者 42 岁，刚开完遵义会议，从此中国革命和中国红军来了个大转折，从失败走向了胜利。"西风烈，长空雁叫霜晨月。霜晨月，马蹄声碎，喇叭声咽。"尽管形势依然严峻，红军仍有蒋介石的百万大军围追堵截，但形势已经不同，党和红军已经摆脱了"左倾"教条主义的领导，走上了正确的路线，因此，毛泽东有此感慨："雄关漫道真如铁，而今迈步从头越。"

　　第五首，作于解放战争时期转战陕北途中，亦属毛泽东在马背上哼成的诗，是一首五律，作于 1947 年中秋。原诗无题，编纂者命题为《喜闻捷报》。全诗为："秋风度河上，大野入苍穹。佳令随人至，明月傍云生。故里鸿音绝，妻儿信未通。满宇频翘望，凯歌奏边城。"1947 年 3 月 18 日中共中央主动撤离延安，到 1948 年 3 月 23 日东渡黄河，毛泽东率中共中央机关转战陕北，历时 370 天，行程千余公里，跋涉陕北 12 个县的 37 个村庄，与近 10 万强敌周旋，指挥全国的解放战争。毛泽东在中秋之夕，得到西北野战军作战大捷消息，自然喜不自禁，但逢佳节，不免倍思亲人。据考证，此诗作于佳县神泉堡，其时毛的妻儿不在身边。而毛的故乡湖南湘潭韶山冲，他从 1925 年回去过一次以后，再也无音讯了。思乡思亲之情，在这中秋之夜，跃然纸上。

　　又一首，是非常脍炙人口的《蝶恋花·答李淑一》，作于 1957 年。作者时年 64 岁，见到当年战友的爱人，既思念战友（李淑一的丈夫柳直荀烈士），更思念他亲爱的爱人杨开慧烈士。所以说"我失骄杨君失柳"，但杨柳忠魂永存，"杨柳轻飏直上重霄九。"作者深厚充沛的感情，使他展开想象的翅膀：在万里长空，在那皎洁无尘的月宫里，嫦娥为烈士舒袖起舞，吴刚为烈士捧出了桂花酒。作者为此落下热泪，不为别的，为的是烈士的遗愿终于实现，人间终于"伏虎"。革命现实主义与革命浪漫主义，在此结合到了极致！

　　毛泽东的咏月诗词，最后两首是作于 1965 年的《水调歌头·重上井冈山》和《念奴娇·井冈山》。《重上井冈山》写道："可上九天揽月，可下五洋捉鳖，谈笑凯歌还。世上无难事，只要肯登攀。"《井冈山》有云："独有豪情，天际悬明月，风雷磅礴。"读之一股豪气油然而自心生。如今，中国的探月工程已经启动。毛泽东所奠基的中华人民共和国已昂然屹立于世界民族之林。在此中秋之际，我们仰望明月，可以告慰他老人家的是，中国的月亮，已令世人刮目相看了！

（摘自中国文明网 2008 年 9 月 20 日）

　　例 2　花草树木寄情志——毛泽东诗词中的花草树木

　　（1）学习内容

　　读毛泽东《七律·和柳亚子先生》《蝶恋花·答李淑一》《七绝·观潮》《七律·冬云》《五律·看山》《七律·登庐山》《七律·有所思》《采桑子·重阳》《卜

算子·咏梅》《五古·挽易昌陶》《五律·挽戴安澜将军》《七律二首·送瘟神》《七绝·屈原》《七律·吊罗荣桓同志》《七绝·改诗赠父亲》《满江红·和郭沫若同志》《七绝·为李进同志题所摄庐山仙人洞照》《杂言诗·八连颂》。整理这18首诗词的相关资料,如写作背景、赏析文章等。

（2）专题研究过程

学生自主阅读这18首诗词,完成以下学习任务:

① 画出18首诗词中关于花草树木的句子,结合诗词内容,体会诗词中的"花草树木"所寄予的情感。

② 学习小组合作,以讲述、交流、笔记等形式记录学习过程中的阶段性成果,最后以"花草树木寄情志——毛泽东诗词中的花草树木"为题,完成专题研究小论文。

（3）小论文示例

毛泽东诗词中的花草树木

汪建新

"人非草木,孰能无情?"言下之意是草木薄情寡义。可用这句话来审视诗词中的植物意象,显然是大谬不然。中国古典诗词中出现的植物数不胜数,诗人们喜欢用情态各异的花草树木形象,来表达不同的志向和理趣,抒发不同的心境和情怀。"桃花依旧笑春风"让有情人体验到浪漫的甜蜜;"天涯何处无芳草"使失恋者瞬间变得洒脱;"亭亭山上松,瑟瑟谷中风"映衬出傲然挺立的刚毅和坚强。诗人毛泽东善于托物言志,作品中也不乏对花草树木的生动描写,将其刻画得仪态万千、神情飞扬、蕴含丰富,令人回味无穷。

战地黄花分外香

"一花一世界",花为天地之灵物,花团锦簇使世界变得多姿多彩。毛泽东诗词有不少诗句提到"花",有泛指,有特指,有比喻,或抒发雅兴闲情,或表明赏心悦目,或借此怀德明志。"落花时节读华章"（《七律·和柳亚子先生》）,指花朵零落的暮春季节读到柳亚子的诗作,"落花时节"出自杜甫《江南逢李龟年》"正是江南好风景,落花时节又逢君"。"吴刚捧出桂花酒"（《蝶恋花·答李淑一》）,指吴刚用沁人心脾的桂花酿成的美酒盛情款待烈士英灵。"雪花飞向钓鱼台"（《七绝·观潮》）,喻指浪涛叠加的钱塘潮壮观景色。"万花纷谢一时稀"（《七律·冬云》）,用鲜花纷纷凋谢来象征严峻的国际局势。"桃花岭上风"（《五律·看山》）"桃花源里可耕田"（《七律·登庐山》）中,"桃花岭""桃花源"都是地名,寓意江山如画、引人入胜。1966年6月"正是神都有事时",他"又来南国踏芳枝",并非为赏花踏青,写下《七律·有所思》表达忧思。

而最能体现毛泽东诗词风骨和神韵的,当属对于菊花和梅花的吟咏。"战地黄花分外香"（《采桑子·重阳》）中的"黄花"是指菊花,描写菊花的古诗不计其数，但将其和战争、战场联系在一起的为数不多。唐代岑参"遥怜故园菊，应傍战场开"表达思乡愁苦；清代陈维崧"好花须映好楼台，休傍秦关蜀栈战场开"表达厌战情绪；而唐末农民战争领袖黄巢"待到秋来九月八，我花开后百花杀"则又杀气太盛。毛泽东笔下的菊花在战地上绽放，饱经丹心热血抚育，更加馥郁芬芳。这是对革命战争的礼赞，流露出崇高的革命乐观主义精神。毛泽东对梅花更是情有独钟，一生恋梅、惜梅、品梅、咏梅。他读陆游咏梅词，"反其意而用之"，创作了不同凡响的《卜算子·咏梅》，一扫陆游那种报国无门、凄凉悲切、孤高自傲的消极颓唐之气，洋溢着不畏艰险、奋发有为、乐观豁达、甘于奉献的积极人生态度。《七律·冬云》中的"梅花欢喜漫天雪"，梅花和雪既是对手，又是伙伴，相生相克，相辅相成。

记得当年草上飞

　　草蔓生于大地之上，无论是青翠鲜亮还是枯黄衰败，无论是在坡地原野还是林间路边，它都是极为常见的植物。但成为诗词意象之后，草的寓意就因人而异了。毛泽东没有专门咏草的诗词，但作品中多次出现草的意象，表达了丰富的感情和意蕴。《五古·挽易昌陶》是为悼亡同窗好友而作，"城隈草萋萋，涔泪侵双题"中"萋萋"与"凄凄""戚戚"同音，给人一种冷清凄惨之感。城南隈的春草长得再茂盛，已经物是人非，再也不能和易君携手同游，此情此景不禁令人潸然泪下。《五律·挽戴安澜将军》为祭奠抗日名将而作，"外侮需人御，将军赋采薇"称颂戴安澜将军慷慨出征、勇赴国难的英雄气概。"赋"指兵，古时按田赋出兵。"薇"是一种多年生草本植物，结荚果，中有种子五六粒，可食。"采薇"是《诗经·小雅》的篇目，是戍边的士兵们所唱的歌曲，内容是说士兵采薇以食，而念归期之远。这里的意思是戴安澜将军率兵远征之前，曾用战歌激励队伍士气。《七律二首·送瘟神》的第一首描写旧中国血吸虫病肆虐，农村萧条人民悲惨的境况。"千村薜荔人遗矢，万户萧疏鬼唱歌"中的"薜荔"是一种蔓生野草。"千村薜荔"，如同刘禹锡《乌衣巷》"朱雀桥边野草花，乌衣巷口夕阳斜"，杂草丛生，繁华不再，给人以荒凉之感，寄寓了人世沧桑的无限感慨。

　　屈原反复以"香草"来象征忠贞和高洁，他开创了中国诗歌中以"香草"比喻美德的传统。据考证《离骚》中出现的香草有28种，《九歌》有22种。毛泽东专门为他写了《七绝·屈原》，诗中"艾萧太盛椒兰少"剖析屈原所处的政治环境是奸佞当道、贤人遭贬，指出了屈原忧伤悲愤、投江自尽的根源。"艾萧"即艾蒿，臭草，比喻奸佞小人，取自《离骚》"何昔日之芳草兮，今直为此萧艾也？""椒兰"指申椒和兰草，皆为芳香植物，比喻贤德之士，取自《离骚》"览椒兰其若兹兮，又况揭车与江离"。《七律·吊罗荣桓同志》"记得当年草上飞"，典出宋人陶谷《五代乱离记》，说唐末农民起义领袖黄巢兵败后于洛阳落发为僧，并绘像题诗："记得当年草上飞，铁衣著尽著僧衣。天津桥上无人识，独倚栏干看落晖。"毛泽东用古诗成句来缅怀罗荣桓的光辉事迹。"草上飞"极其传神地突出了红军游击战争机动灵活、忽东忽西、出没无常的特点。"年年后浪推前浪,江草江花处处鲜",反映了晚年毛泽东"烈士暮年,壮心不已",热切期盼着伟大祖国欣欣向荣、前程锦绣。

暮色苍茫看劲松

毛泽东也未曾为树木专门赋诗,但作品中提到的具体树种很多,其含义有的是约定俗成,有的则独具匠心。"埋骨何须桑梓地"(《七绝·改诗赠父亲》)中,"桑""梓"是两种树,演变为故乡的代名词,这与他离开韶山外出求学的心境十分契合。"蚂蚁缘槐夸大国,蚍蜉撼树谈何易"(《满江红·和郭沫若同志》)中,"蚂蚁缘槐"典出唐代李公佐《南柯太守传》,毛泽东用来表示对敌人的蔑视。"蚍蜉撼树"语出韩愈《调张籍》"蚍蜉撼大树,可笑不自量","大树"指李白、杜甫的诗文,毛泽东用来泛指正义的力量或事业。《卜算子·咏梅》《七律·冬云》中称赞的"梅",既是花又是树,只是人们更习惯于将其视为花,似乎忘了它还是一种树。

毛泽东倾注感情最多的树是"杨柳",承载着他的心路历程和政治抱负。"独坐池塘如虎踞,绿荫树下养精神"中,"杨树"指青蛙所处的自然环境。"我失骄杨君失柳,杨柳轻飏直上重霄九"中,"杨""柳"语意双关,乍看是指杨树、柳树,实则是指杨开慧、柳直荀二位烈士。"春风杨柳万千条"中,"杨柳"已由普通树木升华为新中国日新月异的繁荣景象。而毛泽东最为推崇的树是松柏,这显然是受到《论语·子罕》"岁寒,然后知松柏之后凋也"的深刻影响。"暮色苍茫看劲松"(《七绝·为李进同志题所摄庐山仙人洞照》)"奇儿女,如松柏"(《杂言诗·八连颂》)"青松怒向苍天发"(《七律·有所思》),其中"劲松""松柏""青松"都是坚定执着的中国共产党人和革命者的人格化身。

(摘自《学习时报》2019年3月15日)

中国现当代作家 作品专题研讨

　　本任务群在"中国现当代作家作品研习"的基础上,就我国现当代作家作品的若干专题深入研讨,进一步培养学生的理性思维与探究能力,提高学生对现当代文学的理解和认识,提升鉴赏品位,把握时代精神和时代走向。

一、教学要求对比

内容	新课标	旧课标	区别
作家作品专题研讨	梳理影响中国现当代文学发展的重要作家作品,发现有价值的文学现象与问题,从中选择自己感兴趣的专题进行研讨。	课外阅读活动是阅读教学的重要组成部分。应根据不同学生的具体情况,适时推荐文化品位高、难易程度适当的课外读物。	新课标在本任务群中明确阅读作品在国别上具体为"中国",在时间跨度上具体为"现当代",在影响力上要求为"重要作家作品"。新课标的阅读要求有较强的专题性和针对性。旧课标虽然重视课外阅读,但没有要求进行专题研讨。
热点评论	阅读新近发表的有影响的文学作品,尝试参与文学评论。关注近期文学热点问题,了解不同观点,深入思考研讨,提高探究能力。	在写作教学中,教师应鼓励学生积极参与生活,体验人生,关注社会热点,激发写作欲望。应指导学生阅读论著,调查和梳理材料,增强文化意识,学习探究文化问题的方法,提高认识和分析文化现象的能力,吸收优秀文化的营养,参与先进文化的传播。增强文化意识,重视人类文化遗产的传承,尊重和理解多元文化,关注当代文化生活,学习	新课标具体强调"关注近期文学热点""阅读新近发表的有影响的文学作品"。旧课标只是笼统表述为"关注社会热点""关注当代文化生活""认识和分析文化现象"等。

内容	新课标	旧课标	区别
		对文化现象的剖析,积极参与先进文化的传播和交流。	
教学提示	所设立的专题涉及的作家不宜过多,角度可以多样。 教师可以依据学习内容、学习兴趣、学习资源等,推荐相关专题,供学生选择学习。学生也可自主设计,确定学习专题。 反映社会主义先进文化的作品要占一定比例。	无	新课标要求本任务群所涉及专题应"少而精",并且在作品选择上要求"反映社会主义先进文化的作品要占一定比例"。旧课标无此类表述。
读书笔记	每读一篇必做读书笔记。围绕中心论题进行有准备的研讨,围绕专题选择合适的方式展示探究的成果。	学写读书笔记和常见应用文。 注重合作学习,养成互相切磋的习惯。乐于与他人交流自己的阅读鉴赏心得,展示自己的读书成果。	新课标要求每读一篇必做读书笔记,并围绕中心论题展示探究成果。旧课标要求写读书笔记,合作学习,展示读书成果,但没有要求"围绕中心论题"。

二、对应题型示例

★ 新课标要求但旧课标不要求

■ 新课标要求梳理影响中国现当代文学发展的重要作家作品,旧课标没有提及。

例1　请列举在中国现当代文学史上具有重要影响的小说、散文、戏剧、诗歌各两部(篇)。

答案　小说：鲁迅小说、阿城《棋王》、路遥《平凡的世界》、汪曾祺《受戒》、陈忠实《白鹿原》、余华《活着》、莫言《红高粱家族》等。散文：鲁迅《朝花夕拾》、巴金《忏悔录》、余秋雨《文化苦旅》、余光中《听听那冷雨》等。戏剧：曹禺《雷雨》、老舍《茶馆》等。诗歌：戴望舒《雨巷》、徐志摩《再别康桥》、食指《相信未来》、海子《面朝大海，春暖花开》、舒婷《致橡树》等。

■ 新课标要求关注近期文学热点问题，旧课标没有提及。

例2 关于金庸小说进教材，你有什么看法？

解析 金庸先生的武侠小说《雪山飞狐第五回》入选北京版高中语文参考书目，《射雕英雄传第三十回》入选香港中学语文参考文章，《天龙八部第四十一回》入选人教版语文读本。教师可以引导学生关注"金庸小说进教材"这一文学热点问题，发表自己的看法。

✦ 新课标和旧课标都要求但要求不同

■ 新课标和旧课标均要求进行文学鉴赏，但新课标在本任务群中要求围绕中心进行专题研讨。

例3 从小说艺术特色角度，开展莫言《红高粱家族》的专题研讨活动。

解析 莫言《红高粱家族》是中国现当代小说的重要作品，更是莫言小说中的典型代表。教师可以引导学生开展莫言小说专题研讨活动。比如，第一步，采用课内外相结合的方法阅读莫言《红高粱家族》（要保证一定量的课时进行阅读）；第二步，查阅相关资料，分组讨论《红高粱家族》所反映出来的莫言小说创作的艺术特色；第三步，采用多种形式分享研讨成果，比如开展课堂读书分享会、办黑板报、举办手抄报比赛、撰写作品评论等。

学习任务群 17　　跨文化专题研讨

一、教学要求对比

内容	新课标	旧课标	区别
研讨文化作品	研讨不同时期、不同国家与民族的文学、文化经典作品，增进对人类文明史上多样文化并进的事实及全球化背景下文化多样性的理解。	增强文化意识，重视人类文化遗产的传承，尊重和理解多元文化，关注当代文化生活，学习对文化现象的剖析，积极参与先进文化的传播和交流。	聚焦背景不同：新课标更注重当下时代背景下的文化交流，尤其全球化时代背景下的文化互动；旧课标未对背景作说明。
选读理论名著	选读一本外国文学理论名著，了解世界文学批评中某一流派的基本主张和文学解读方法；或者选读一本研究中外文学或文化比较的著作，尝试运用其中的观点研读以前读过的作品。	选读古今中外文化论著，拓宽文化视野和思维空间，培养科学精神，提高文化修养。以发展的眼光和开放的心态看待传统文化和外来文化，关注当代文化生活，能通过多种途径，开展文化专题研讨。思考人生价值和时代精神，增强使命感和责任感，努力形成自己的思想、行为准则。	聚焦点不同：新课标关注中华优秀传统文化，以研究和比较中外文化；旧课标关注外来文化，以提升精神品格。
比较中外文化	借助已有的阅读经验，选择合适的内容进行跨文化专题研究，在中外文化的比较中，深化对中华优秀传统文化的理解，增强对中国特色社会主义文化的自信。	尝试对感兴趣的古今中外小说、戏剧进行比较研究或专题研究。	学习层次不同：新课标要求对中外文化进行比较研究和研讨，以推进跨文化专题研究；旧课标只是提出尝试性要求，没有明确的要求。

二、对应题型示例

★ 新课标要求但旧课标不要求

■ 新课标要求注重全球化背景下的文化互动,审视外国媒体和中国媒体不同视角下的中国事件,而旧课标不要求。

例1 阅读下面的文字,完成习题。

材料一:

日前,中国科学院在京召开新闻发布会对外宣布,"墨子号"量子科学实验卫星提前并圆满实现全部既定科学目标,为我国在未来继续引领世界量子通信研究奠定了坚实的基础。

通信安全是国家信息安全和人类经济社会生活的基本需求。千百年来,人们对于通信安全的追求从未停止。然而,基于计算复杂性的传统加密技术,在原理上存在着被破译的可能性。随着数学和计算能力的不断提升,经典密码被破译的可能性与日俱增。中国科学技术大学潘建伟教授说:"通过量子通信可以解决这个问题。把量子物理与信息技术相结合,利用量子调控技术,用一种革命性的方式对信息进行编码、存储、传输和操纵,从而在确保信息安全、提高运算速度、提升测量精度等方面突破经典信息技术的瓶颈。"

量子通信主要研究内容包括量子密钥分发和量子隐形传态。量子密钥分发通过量子态的传输,使遥远两地的用户可以共享无条件安全的密钥,利用该密钥对信息进行一次一密的严格加密。这是目前人类唯一已知的不可窃听、不可破译的无条件安全的通信方式。量子通信的另一重要内容量子隐形传态,是利用量子纠缠特性,将物质的未知量子态精确传送到遥远地点,而不用传送物质本身,通过隐形传输实现信息传递。

(摘编自吴月辉《"墨子号",抢占量子科技创新制高点》,《人民日报》2017年8月10日)

材料二:

潘建伟的导师安东·蔡格林说,潘建伟的团队在量子互联网的发展方面冲到了领先地位。量子互联网是由卫星和地面设备构成的能够在全球范围分享量子信息的网络。这将使不可破解的全球加密通信成为可能,同时也使我们可以开展一些新的控制远距离量子联系的实验。目前,潘建伟的团队计划发射第二颗卫星,他们还在中国的天官二号空间站上进行着一项太空量子实验。潘建伟说,未来五年"还会取得很多精彩的成果,一个新时代已经到来"。

潘建伟是一个有无穷热情的乐观主义者。他低调地表达了自己的信心,称中国政府将会支持下一个宏伟计划——一项投资 20 亿美元的量子通信、量子计量和量子计算的五年计划,与此形成对照的是欧洲 2016 年宣布的旗舰项目,投资额为 12 亿美元。

(摘编自伊丽莎白·吉布尼《一位把量子通信带到太空又带回地球的物理学家》,《自然》2017 年 12 月)

材料三:

日本《读卖新闻》5 月 2 日报道:中国实验设施瞄准一流(记者:莳田一彦,船越翔)

在中国南部广东省东莞市郊外的丘陵地带,中国刚刚建成了大型实验设施"中国散裂中子源"。该实验设施建设费用达到 23 亿元人民币,3 月正式投入运行。中国是继美国、英国、日本之后第四个拥有同样设施的国家。日本的 J-PARC 加速器设施中心主任齐藤直人说:"虽然日本在技术和经验上领先,但中国发展得实在太快,亚洲的中心正在从日本向中国转移。"

中国推进的这类大型工程还有很多。3 月,中国人民政治协商会议开幕,政协委员潘建伟被媒体记者团团围住。潘建伟是利用 2016 年发射的"墨子号"人造卫星进行量子通信研究的研究团队负责人,其团队 2017 年以后相继发布了多项世界首创的实验成果。潘建伟今年当选美国《时代》杂志"全球百大最具影响力人物"。

使用人造卫星的实验要耗费巨额资金,欧洲和日本还在犹豫不决。日本的研究人员认为,"在基础科学领域,中国正在踏入他国难以涉足的领域,领先世界"。

(摘编自《参考消息》2018 年 5 月 7 日)

以上三则材料中,《人民日报》《自然》《读卖新闻》报道的侧重点有什么不同? 为什么? 请结合材料简要分析。

解析　此题是 2018 年高考全国Ⅰ卷实用类文本阅读题,问题设计新颖独特。三个国家的媒体对同一事件——中国量子通信工程报道有别,侧重点有所不同,考查的是在不同文化背景下媒体报道的对比研究,也折射出全球化时代背景下的中外文化互动。此题充分体现出新课标对跨文化专题研讨的设计理念。

☆ 旧课标要求但新课标不要求

■ 旧课标要求关注外国文化,以提升精神品格;而新课标要求更多地关注中华文化,以研究和比较中外文化。

例2 阅读下面的作品。

罗丹的雕刻

熊秉明

雕刻的发生源自一种人类的崇拜心理，无论是对神秘力的崇拜，对神的崇拜，或者对英雄的崇拜。把神像放在神龛里，把英雄像放在广场的高伟基座上，都表示这一种瞻仰或膜拜的情操。雕刻家把神与英雄的形象具体化。他的创作是社会交给他的任务。所以雕刻家在工作中，虽然有相当的自由，可以发挥个人才华，但是无论在内容上，在形式上，还要首先服从一个社会群体意识长期约定俗成的要求。有时，我们在庙宇装饰、纪念碑细部也看到日常生活的描写，有趣而抒情，然而那是附带的配曲。

罗丹的出现，把雕刻作了根本性的变革，把雕刻受到的外在约束打破。他不从传统的规格、观众的期待去考虑构思，他以雕刻家个人的认识和深切感受作为创造的出发点。雕刻首先是一座艺术品，有其丰富的内容，有它的自足性，然后取得它的社会意义。所以他的作品呈现的时候，一般观众，乃至保守的雕刻家，都不免惊骇，继之以愤怒、嘲讽，而终于接受、欣赏。他一生的作品，从最早期的《塌鼻的人》《青铜时代》，一直到他最晚年的《克列蒙梭》《教皇伯诺亚第十五》都受到这样的遭遇，只不过引起的波澜大小不同而已。

欣赏罗丹毕生的作品，我们也就鸟瞰了人的生命的全景。从婴孩到青春，从成熟到衰老，人间的悲欢离合，生老病死，爱和欲，哭和笑，奋起和疲惫，信念的苏醒，绝望的呼诉……都写在肉体上。

他说"忠于自然"，而在他的手中，人体已经开始扭曲、破裂；他说"尊重传统"，然而他已经把雕刻从纪念碑功能中游离出来。他所做的不是凯旋门，而是"地狱之门"。这是一大转变。凯旋门歌颂历史人物的丰功伟绩，而"地狱之门"上没有英雄。"地狱之门"其实也可以称作"人间之门"，而罗丹所描述的人间固然有鲜美和酣醉，但也弥漫阴影和苦难，烦忧和悲痛，奋起和陨落。罗丹用雕刻自由抒情，捕捉他想象世界中的诸影、诸相。雕刻是他恣意歌唱的语言。在罗丹手中，塑泥变成听话的工具，从此，在他之后的雕刻家可以更大胆地改造人体，更自由地探索尝试，更痛快地设计想象世界中诡奇的形象。现代雕刻从此可能。

说他的雕刻是最雕刻的雕刻是可以的，因为雕刻本身取得意义；说他的雕刻破坏雕刻的定义，已经不是雕刻，也是可以的，因为雕刻不仅具有坚实的三度实体的造型美，而且侵入诗，侵入哲学。说在他的作品里，我们看见雕刻的源起是可以的；说在他的作品里，我们看到雕刻的消亡也是可以的。因为他的雕刻在生命的波澜中浮现凝定，生命啄破雕刻的外壳又一次诞生。

他说："在做艺术家之前，先要做一个人。"每天有那么多年轻人、中年人、老年人从世界的各个角落来到巴黎罗丹美术馆,在他的雕像之间徘徊、沉思,因为那些青铜和大理石不只是雕刻,那是,用他自己的话说,"开向生命的窗子"。

（有删改）

解析　该文本选自 2015 年高考江苏卷的现代文阅读题,论述的内容是法国雕刻艺术家罗丹的雕刻艺术,属于阐述外国文化的作品。关注外国的文化成就可以开拓我们的文化视野和思维空间,提高文化修养。该文本的选择符合旧课标的理念。

★ 新课标和旧课标都要求但要求不同

■ 新课标和旧课标的要求都涉及中外文化的对比,但新课标要求更为明确——进行文化比较专题研究,有时直接考查;而旧课标要求融入中外文化对比元素,但不一定直接考查。

例3　根据相关阅读材料,填写表格,比较母亲节在中西文化中的区别。

母亲节在中西文化中的对比

项目	中国	西方
目的		
活动地点		
活动形式		
活动内容		
活动意义		
参与群体		
喜爱程度		

例4　阅读下面的文字。

法国作家雨果曾说:"建筑是石头的史书。"然而此话只适用于欧洲,对于中国并不贴切。中国传统建筑以土、木为主要材料,很少使用石材,由于木材在耐久性方面远逊于石材,以至于中西两大文明的建筑给后人留下了全然不同的印象。19 世纪以来,不少西方学者认为中国古代建筑只不过存在于书面文献上,甚至干脆说中国古建筑的实物等于零。这种片面的看法曾得到很多本土学者的呼应,并汇成一股妄自菲薄的浊流。时至今日,中国石结构建筑的低调表现,仍令很多学者感到困惑:为什么直到明清,在技术条件完备,同时也不无需求的情况下,石材在中国始终未能登堂入室?古建筑专家梁思成曾经给出一个推论:"中国结构既以木材为主,宫室之寿命固乃限于木质结构之未能耐久,但更深究其故,实缘于不着意于原物长存之观念。"然而为什么中国人"不着意于原物长存",依然是个问题。

我们首先要注意的是,中国古代并不缺乏石材,在中国广袤的土地上,到处都蕴藏着适合建筑的优良石材。其次,古人的石材加工技术并不落后,先进的玉石文化,以及秦始皇陵西北大规模的石材加工场遗址就是明证。同时我们也要注意到,在中国古代,适用的木材并非随处都容易取得。秦朝修建阿房宫,许多木材就是从千里之外的四川运到陕西的。在古代的交通条件下,建筑材料的长途运输是很不经济的;只有当使用木材的意义超越物质层面,进而成为一种执着的文化选择乃至建筑观念中的要素时,人们才会如此不惜人力物力地寻找木材来盖房子。

这种选择与华夏民族古老的价值观息息相关。与西方不同,中国自古以来宗教观念淡薄,从未出现过神权凌驾一切的时代,因此我们的祖先有关建筑的基本思考,是从"人本"出发的。建筑既然服务于人,其理性和适度的使用就十分重要。从材料性质上看,木材显然比石材更便于加工,用木材建造房屋效率更高,耗材更少。《礼记·檀弓上》说:"昔者夫子居于宋,见桓司马自为石椁,三年而不成。夫子曰:'若是其靡也!死不如速朽之愈也。'"可见对于务实的中国人来说,费力气建造石头建筑是奢侈的表现,是无法被崇尚节俭的主流价值观所接受的。

中国传统哲学从未认真看待过"永恒"这一命题,儒、释、道三家学说大体上都认为"万物无常"。人是建筑服务的主要对象,人一直处在不断的繁衍和传播之中,不同时代的人对于建筑物也会有不同的需求,因此建筑应该新陈代谢,没有必要永久保存,经久不变。而陵墓建筑在功能上则有耐久的要求,在意象上更与永恒相关,因此这里便成了石材发挥作用的主要场所。此外在耐久性要求较高的建筑部件,如铺地石、台基、柱础中也曾大量使用石材。木是土的产物,土木具有易取、可塑、可循环等优点,由此可知中国传统建筑在材料选择上的理性。

（摘编自方拥《中国传统建筑十五讲》）

解析 例3和例4都涉及中西文化对比。不同的是,例3直接考查中西文化背景下节日文化的差别,目的明确,指向明朗,而例4的文本选自2014年高考全国大纲卷阅读题,其只是涉及中外文化对比元素,并没有直接考查两者的区别。

一、教学要求对比

内容	新课标	旧课标	区别
选读学术著作	根据个人的阅读兴趣和平时积累、思维特点以及未来发展方向，选择适宜的学术著作深入研讨，撰写研讨笔记。	选读经典名著和其他优秀读物，与文本展开对话。通过阅读和思考，领悟其丰富内涵，探讨人生价值和时代精神，以利于逐步形成自己的思想、行为准则，树立积极向上的人生理想，增强民族使命感和社会责任感。 选读古今中外文化论著，拓宽文化视野和思维空间，培养科学精神，提高文化修养。以发展的眼光和开放的心态看待传统文化和外来文化，关注当代文化生活，能通过多种途径，开展文化专题研讨。思考人生价值和时代精神，增强使命感和责任感，努力形成自己的思想、行为准则。	系统地位不同：新课标所提出的各个任务群之间是紧密联系的，此任务群和"整本书阅读""思辨性阅读与表达"共同构建了语文核心素养内容之一。旧课标只是将此内容笼统地设置在"文化论著研读"选修课之中。 主体设定不同：新课标所要求的学术著作选读更强调学生的阅读主体性，以学生的阅读兴趣和平时积累为出发点，并且要求形成文字性的阅读研讨材料，而旧课标对此没有明确要求。

内容	新课标	旧课标	区别
学术专题活动	将研读学术著作过程中生成的关注点、问题点、质疑点等进行梳理概括,形成专题,深入研讨;或围绕相关学术话题,组织研讨活动。	借助工具书、图书馆和互联网查找有关资料,了解论著作者情况、相关背景和论著中涉及的主要问题,排除阅读中遇到的障碍。在整体了解论著内容的基础上,选读其中的重点章节,有侧重地进行探究学习,把握论著的主要观点和基本倾向,了解用以支撑观点的关键材料。	侧重点不同:新课标注重研读的过程及成果,强调阅读的专题性、问题性、探究性、活动性,注重学术探究与交流。旧课标主要要求把握论著的基本概念、核心观点、结构脉络,虽也强调培养学生的探究意识和探究能力,但路径不够清晰、明确,可操作性不强。
学术小论文交流	整理提炼专著研读或专题研讨的成果,借鉴专业学术论文的形式写成学术性小论文,相互交流。	学习运用科学的思想方法发现问题、分析问题和解决问题,在阅读过程中注重反思,探究论著中的疑点和难点,敢于提出自己的见解,并乐于和他人交流切磋,共同提高。 关注现实生活和社会的发展,对感兴趣的问题进行思考,参考有关论著,学习对当代社会生活中的问题和中外文化现象作出分析和解释,积极参与先进文化的传播和交流,提高自己的思考、交流能力和认识水平。	课程要求不同:新课标提出"整理提炼专著研读或专题研讨的成果""写出学术性小论文"的要求,对学生的思辨和写作能力的要求更高,学术训练目的更明确,而非如旧课标仅仅在"情感态度价值观"上提要求。 学习方式和结果不同:新课标着眼于"学术专题研讨""学术报告交流""撰写学术小论文"等项目式语文活动的开展,丰富了语文学习的方式,让学生的学习有看得见的成果,从而产生更强的驱动力与目标感。而旧课标对学习方式和结果的要求比较宽泛。

二、对应题型示例

★　新课标要求但旧课标不要求

■　新课标要求根据个人的阅读兴趣、平时积累、思维特点以及未来发展方向，选择适宜的学术著作深入研讨，撰写研讨笔记，而旧课标不要求。

例1　阅读下面的文字，完成习题。

听香——冷香熏艺
朱良志

前人有诗云："冷香飞上诗句。"中国艺术的形外之神是由人的心灵"飞"上去的，心生则种种法生，心灭则种种法灭，艺术家将自己的"冷香"熏入画中山水、槛外疏竹、乐中平沙，真正的艺术是人心灵的低吟。

为何说是"冷香"呢？这是和"热流"相对的。有一等之心灵，方有一等之艺术。中国艺术特别重视高逸的灵魂，这高逸的灵魂，即是所谓"冷"了。诗言志，画写心，书如人，没有一颗高逸的心灵，就不可能有巨大的穿透力；没有不同流俗的性灵，就不可能有打动人心的力量。中国艺术重视形式之外的神韵，不光是一个表现技巧的问题，而跟人的内在心灵境界是密不可分的。心中有冷香逸韵，为艺才能有妙意天香。

正因此，我以为，形神问题不是一个形式美感的问题，而是一个关乎心灵的问题。朱栏白雪夜香浮，不是空洞的色彩对比或者什么朦胧追求，而是表现一种生命的境界。

李商隐可以说是得"冷香逸韵"的诗人。他的一组咏荷诗，在对荷花的描写中，置入了淡淡的忧愁，寄寓着深长的人生感。《夜冷》诗云："树绕池宽月影多，村砧坞笛隔风萝。西亭翠被余香薄，一夜将愁向败荷。"败荷余香，裹进了凄凄愁怨，那不是闲愁，而是自我生命的哀怜之意，有一种凄冷的美感。他的《过伊仆射旧宅》诗写道："回廊檐断燕飞去，小阁尘凝人语空。幽泪欲干残菊露，余香犹入败荷风。"又是一"败荷"，余香裹败荷，别有一番情愫。他的《赠荷花》诗写道："世间花叶不相伦，花入金盆叶作尘。惟有绿荷红菡萏，卷舒开合任天真。此花此叶常相映，翠减红衰愁杀人。"他带着"留得枯荷听雨声"的心境来咏叹荷花，体味其清冷，写自己的生命感受。在他的笔下，荷花虽有翠减红衰，雨敲败叶，但究竟是开合天真，其生而灿烂，其衰也堪怜。他不是爱荷，而是爱自己，自我叮咛，要珍摄自己清洁的灵魂。

南宋马麟有一幅《层叠冰绡图》，也是以冷香为基调的作品。马麟为大画家马远之子,也能继承乃父的禅韵。画上有宁皇后所题的一首诗:"浑如冷蝶宿花房,拥抱檀心忆旧香。开到寒梢尤可爱,此般必是汉宫妆。"此画唯有两枝小梅,从右侧斜出,一挺然向上,一向下延伸,枝虬曲瘦削,花繁茂含蓄,背景几于空白,画面中有大片的空间,显得清冷幽艳。抒发了对"旧香"的依恋之情。它的格调和上引李商隐的几首小诗一脉相通。

林逋《山园小梅》为宋诗妙品,其中有"疏影横斜水清浅,暗香浮动月黄昏"两句,历来为人推崇。宋人据此而制为"疏影""暗香"两个词牌。姜白石铺展了林逋这一境界。

宋光宗绍熙二年(1191)冬,姜白石在雪中去石湖拜访诗人范成大,作有《暗香》《疏影》两首词,其《暗香》词云:

> 旧时月色,算几番照我,梅边吹笛?唤起玉人,不管清寒与攀摘。何逊而今渐老,都忘却、春风词笔。但怪得、竹外疏花,香冷入瑶席。　江国,正寂寂,叹寄与路遥,夜雪初积。翠樽易泣,红萼无言耿相忆。长记曾携手处,千树压、西湖寒碧。又片片、吹尽也,几时见得?

真是一番冷香幽韵。词的大意为:昔日皎洁的月色,不知有多少次照着我,梅边月下吹笛的孤影?它唤起我心中的玉人,也顾不得清寒,与我一道将梅花攀折。我正如那衰老的何逊,已忘却寻梅咏诗的雅事。只怪那,竹林外疏落的梅朵,将那冷艳熏凉了我的玉席。下半阕进而道:江南天地,正是冷落时节,手摘一枝梅,寄与远方客,叹夜雪凝结无法采摘。樽中清酒正哭泣,户外红梅正无言,似也在忆念远方的香客。永不会忘记曾经相别携手处,千树的寒碧笼罩着西湖的冷水。望着眼前梅蕊片片飘零,不知何时再能见到友人的芳迹。

《疏影》词云:

> 苔枝缀玉,有翠禽小小,枝上同宿。客里相逢,篱角黄昏,无言自倚修竹。昭君不惯胡沙远,但暗忆、江南江北。想佩环月夜归来,化作此花幽独。　犹记深宫旧事,那人正睡里,飞近蛾绿。莫似春风,不管盈盈,早与安排金屋。还教一片随波去,又却怨玉龙哀曲。等恁时、重觅幽香,已入小窗横幅。

这首词的大意是:苔痕历历的梅枝点缀白玉般的梅花,上有小小翠禽,依枝栖宿。异乡相遇,你在黄昏篱落独自开放,旁边又有无言的修竹暗泣。昭君不习惯遥远的沙漠,只暗暗怀念江南江北。想那昭君,定是在月夜归来,化作一树梅花自开落。下阕写道：还记得那南朝深宫旧事，寿阳公主寝卧宫中，忽有梅花飞落眉间，留下了为人仿效的梅花妆。不管花开花落多轻易，应有汉武帝金屋藏娇的呵护心。梅花片片随风飘去，偏有那《梅花落》的乐曲忧伤奏起。不知何时，再寻觅梅的香踪，转眼望，她为何抛我而飞到窗边的画幅中去？

读这两首名作，幽冷的气息扑面而来，那花魂香韵，在心中久久回荡。寂寞的生命咏叹、缓慢的唯美节奏，幽幽地铺开，直化作漫天白雪飞舞，直吟得地迥天远。

冷香逸韵成为艺术家竞相追求的境界。陆游一首《咏梅》可谓千古绝唱："驿外断桥边，寂寞开无主，已是黄昏独自愁，更著风和雨。无意苦争春，一任群芳妒。零落成泥碾作尘，只有香如故。"词写梅花寂寞地开放，无意与明媚的春光争艳，从容飘零，落地成泥，纵然被碾成灰尘，仍然掩盖不了她馥郁的清香。那不改的香味，象征的是诗人清净不屈的灵魂。

《红楼梦》中宝钗有个冷香丸，这是那癞头和尚留下的。一到咳嗽病发了，吃一丸下去也就好些了。第十九回写道："黛玉素性触痒不禁，宝玉两手伸来乱挠，便笑得喘不过气来，口里说：'宝玉，你再闹，我就恼了。'宝玉方住了手，笑问道：'你还说这些不说了？'黛玉笑道：'再不敢了。'一面理鬓笑道：'我有奇香，你有暖香没有？'宝玉见问，一时解不来，因问：'什么暖香？'黛玉点头叹笑道：'蠢才，蠢才！你有玉，人家就有金来配你，人家有冷香，你就没有暖香去配？'宝玉方听出来。宝玉笑道：'方才求饶，如今更说狠了。'"

这段话颇有象征意义，宝钗常常发病，发的是"禄蠹"的病、功利的病，但这剂冷香很顶用，它是冷静之剂，是空之精髓，专治色之病。

冷香是忧伤，是灵魂的自珍，也是清净精神的表白。中国艺术家对此的挚爱，也给我们的艺术带来了冰痕雪影的美，它是一种深长的生命叹息。中国艺术的形神观念，其实正与艺术家强调生命境界的传达密切相关。

（选自《曲院风荷：中国艺术论十讲》2010 年版）

（1）延伸阅读《听香》这一讲的全部内容，思考：这一讲主要探讨的是什么问题？作者撷取"香"这一艺术意象，生发开去，又分别讲了哪几个小问题？是怎样阐述的？

（2）试从文学创作中的"形神"问题角度分析李商隐《夜冷》一诗中"荷"这一意象的运用及其表达效果。

（3）除了"荷"这一意象，还有哪些意象能在表现诗歌主旨的过程中呈现出中国艺术的荒寒冷寂境界？它们的这一功能有没有材料依据？由此能总结出什么规律？

解析 （1）这一讲主要探讨了中国艺术理论中的形神问题。可分为：①"香音传来"，以园林建筑和艺术（主要是绘画）品评为例，说明中国艺术大都追求有形之外的神；②"冷香薰艺"，论述了在追求传神的过程中，中国艺术格外重视荒寒冷寂境界的呈现；③"护持天香"，从主体方面谈如何能够传神，即艺术境界的最终获得有待于主体人格的自我完善；④"众香界"，为追溯"香境"的渊源。作者阐述时没有采用逻辑的推进，却自然有着潜在内转的深层结构。

（2）为了传达内心因妻子亡故而产生的凄苦迷茫之情（神），诗人以独特的视角利用"荷"这一意象（形），将残荷、枯荷、败荷纳入诗歌表达中，赋予它们以新的内涵。爱妻亡故后，诗人深夜听到笛声，各种愁绪瞬时充满心田，无限的悲凉之感油然而生，在"荷"这一意象营造的孤独、冷寂、荒凉的氛围（意境）下，诗人内心的孤寂、凄凉表露无遗。

（3）略。（问题生成，写成小论文，进行对话交流）

☆ 旧课标要求但新课标不要求

■ 旧课标要求在整体了解论著内容的基础上，选读其中的重点章节，有侧重地进行探究学习，阅读过程中注重反思，敢于提出自己的见解，增强文化意识，而新课标没有明确要求。

例 2 研读《论语》中的《子路、曾皙、冉有、公西华侍坐》一篇，探究其中所体现出的孔子的教育思想和人生追求。阅读《论语》和《孟子》，弄清楚其中较难的句子，并联系实际来解读评说；拓展阅读杨伯峻注的《论语》《孟子》和黄仁宇的《孔孟》，比较《论语》和《孟子》思想上的异同，并发表自己"解读孔孟"的观点。

解析 《侍坐》开篇是典型的"启发式设问"，中间部分是集体教学，体现出了孔子教育的因材施教、不愤不启、有教无类等特点，最后是个别答疑、循循善诱。对《论语》《孟子》，后人有多种解读。黄仁宇着眼于儒家传统，看出孔、孟的距离；杨伯峻恪守训诂学家主张，要还原著以本来面目。两人解读视角、立场不同。

★ 新课标和旧课标都要求但要求不同

■ 新课标要求将研读学术著作过程中生成的关注点、问题点、质疑点等进行梳理概括，整理提炼专著研读或专题研讨的成果，借鉴专业学术论文的形式写成学术性小论文，相互交流。旧课标则只要求在阅读过程中注重反思，探究论著中的疑点和难点，敢于提出自己的见解，并乐于和他人交流切磋，共同提高。

例3 设计一次《史记》专题阅读研讨活动。

活动方案设计：

第一周	第二周	第三周	第四周
了解司马迁其人	《史记》阅读指导	现代"史记"评点	举办读书报告会
1. 司马迁其人 2. 李陵之祸 3. 发愤著书 4. 布置论文撰写任务 5. 确定推荐篇目	1. 《史记》读法 2. 《史记》成书 3. 《史记》体例 4. 《史记》写法 5. 《史记》语言 6. 《史记》历史观 7. 我读《史记》人物 ……	1. 发放评点材料 (1) 史记·郎平传 (2) 史记·王健林传 (3) 史记·傅园慧传 …… 2. 小组讨论、评点 3. 评点结果呈现	1. 读书报告交流 2. 读书报告点评 (1) 选题角度 (2) 论证方法 (3) 论述技巧 (4) 学术规范

具体活动过程：

第一周：了解司马迁其人

（1）阅读课内文本（《鸿门宴》《项羽本纪》《报任安书》），引入司马迁其人及《史记》的相关史实与故事。布置任务：阅读后完成一篇专题小论文，在读书报告会上交流。

（2）提供阅读活动的参考选题，引导学生带着问题阅读。布置任务：阅读后完成一篇专题小论文，在读书报告会上交流。

① 从《史记》看司马迁的理想人格

② 试论司马迁的批判精神

③ 信史？——《史记》细节质疑

④ 《史记》的死亡叙事与悲剧精神

⑤ 从《史记》看历史与文学的界限

⑥ 浅析《史记》的悲剧色彩

⑦ 刘邦、项羽人物形象比较

⑧ 摭谈《史记》的语言特点

⑨ 试析《史记》的战争描写

……

第二周：《史记》阅读指导

（1）读故事

（2）读人物

（3）读时代、人性

（4）读文化（战争、饮食、风俗、交通、礼仪、建筑……）

（5）读写作技巧

······

第三周：现代"史记"评点

（1）发放评点材料(《郎平传》《王健林传》《傅园慧传》)

（2）小组讨论、评点

（3）选取某一对象写一篇人物传记

第四周：举办读书报告会

（1）学生交流自己撰写的专题小论文

（2）从选题角度、论证方法、论述技巧、学术规范等方面对小论文进行点评

（3）强调论文写作的规范

解析　本例中的阅读研讨活动引导学生在阅读课内文本的基础上,带着问题阅读《史记》,体验并学习概括、归纳、推理、实证等科学研究的思维方法,整理提炼研读成果,撰写专题小论文,并相互交流。将"学术论著专题研讨"与"整本书阅读"任务群相结合,完成一次文化论著的阅读研讨训练。